ちくま新書

歴史としての東大闘争

——ぼくたちが闘ったわけ

富田 武
Tomita Takeshi

1383

歴史としての東大闘争——ぼくたちが闘ったわけ【目次】

はじめに

†大学闘争をどう伝えるか

一九六八〜六九年の大学闘争から五〇年の歳月が流れた。あの当時の学生はもはや「古稀」前後である。ある者は単に「青春の一コマ」と、ある者は「若気の至りだった」、「麻疹《はしか》のようなものだった」と回顧し、別の者は一時的とはいえ「社会を動かした」ことに自負を感じていよう。当時はある程度まで支持されたマルクス主義と左翼の影響力は、劇的に低下した。それどころか、大学闘争は自民党支配とマスコミによって「過激派の暴走」と一括りに描かれ、いわば戦後史の「ゲットー化」されて久しい。

筆者は大学で歴史を教える者として、大学闘争をどう伝えるか、長らく考えてきた。十余年前だったか、勤務先の成蹊大学の「成蹊教養カリキュラム」の一つとして「戦後の日本と世界」が登場した。成蹊大生は受験のさい日本史か世界史しか取らず（政治経済の場合は、どちらも取らず）、それも第二次世界大戦まで到達せずに終わってしまう高校も少なくないので、専門科目を教えるのに戦後史の知識が決定的に不足している現状を改革すべく、私が提案して設けられた科目である。講義一五回の中程、一九六〇年代後半を扱うところに「新しい社会運動」の項目を設け、三〇分ほど話してきた。

それでも難しかった。八〇年代の学生は、彼らの父母が経験していただけに取っかかりがまだあったが、もはや私と同年代は祖父母の世代である。多くの学生は「へぇー」でおしまいだった。こうした中で、「ヴァーチャルな時代」の感覚からみた（歴史を皮膚感覚的に捉える）著作として佐藤信（一九八八年生まれ）の『六〇年代のリアル』（二〇一一年）が出てきた。安藤丈将（一九七六年生まれ）の『ニューレフト運動と市民社会』（二〇一三年）、小杉亮子（一九八二年生まれ）の『東大闘争の語り』（二〇一八年）という、本格的な社会学的研究も登場した。

筆者は『東大闘争の語り』でインタヴューを受けた四四人の一人である。おそらく最も長く話したのだが、活字になったものを見ると、あれも足りない、これも話せなかったという思いが残った。一〇年前の論文「大学闘争四〇年に想う」を肉付けして分かりやすく、当事者ならではの知見と思いで書き改めようと思い立ったのである。私は当時四年であり、山本義隆さんをはじめ院生たちと闘争前から付き合いがあり、教養＝駒場の学生にも知り合いが多い活動家だったこと、また東大闘争の発端から終焉まで、警察留置場の一三日間（その間に安田講堂攻防戦）を除けば一部始終を見聞、体験したことも大きい。

†本書の構成

本書の構成を簡単に説明しておく。

第一章は、『季刊　現代の理論』二〇〇九年新春号に執筆した論文を再録した。筆者は、この論文が東大闘争の内部からの歴史的叙述、思想的総括として我ながらよくできていると自負している。むろん、どの時点で全共闘が加藤執行部との対話を拒否して安田講堂攻防戦に至ったのか、なお不明だが、その後分かったことを少し書き足し、「長めの付記」も加えた。

右論文は可能な限り客観的叙述に徹し、個人のことは一言触れただけだった。そこで、同時期の日記の一部と短歌同人誌『未来』会員だった母（歌人名：渓さゆり）の短歌の一部、「卒業試験受験拒否宣言」を付加して、リアリティを増そうとした。とくに後者は

「自己否定」の実践として東大キャンパスで話題を呼んだからである。

第二章は、東大闘争が六八年三月突然起こったのではなく、ヴェトナム反戦運動と「内なるベトナム」意識を背景にしていたこと、また、以前は教員と学生の関係が敵対的ではなく、学生活動家も広く学んでいたことを示したものである。大学一〜三年は筆者自身の成長過程でもあったので、反戦運動と読書遍歴と交友関係を通じて、日記も利用しながら描いた。

扱われた時期からいえば、この順序は逆である。敢えてそうしたのは、東大闘争がどういうものであったか、あらかじめ全体像を摑んでもらった方が、読者には好都合かと思ったからである。年代順に読みたい方は第二章、ついで第一章と読まれて一向にかまわない。

第三章は、原文は一九七一年七月時点での東大闘争総括、社会学研究科国際関係論コースに「転進」入学したとき、闘争の同志や大学院の先輩に配布した「再びアカデミズムの門に立ちて——私にとって東大闘争とは何であったか」であった。しかし、このタイトルに示される気負いと当時の活動家らしい生硬な文章は難解かつ気恥ずかしく、大幅に削除し、ノンセクト・ラディカリズム論を中心に整理した。ノンセクト・ラディカルは、その気分や行動様式は語られても、まともに思想的に分析されたことがないからである。それでも当時の文章を生かしたため（氏、君づけも含めて）、ここだけがやや読みづらくなっているかもしれない。

第四章では、一九七〇～九〇年代と長いタイムスパンになるが、闘争後に関わった社会運動を紹介した。社会運動だけではなく、根本的には大学闘争に起因する新左翼諸派及び共産党、つまり政治運動・組織の分裂にも言及した。社会運動の経験を、さらに一九八八年大学就職後の大学内外での活動に生かしたことをも記した。公開は如何かと迷う部分もあるが、もはや歴史になったと判断した。なお、筆者の学問研究の足跡については、最終講義「日本のソ連史研究と私」を参照されたい（『成蹊法学』第八〇号、二〇一四年六月、ネットでもアクセス可能）。

第五章では、小熊英二（『1968』上・下）、安藤、小杉という三人の社会学的な大学闘争論を検討し、また、それとは視角が異なる筆者の歴史家としての見方も提示する。私が東大闘争でこだわったのは、新旧左翼に共通で、ノンセクト・ラディカルにも何がしか影響を与えたスターリン主義的な思想と行動（反核平和運動を小ブルジョア的と蔑視し、階級の名において武装闘争を正当化する等）であり、この歴史的な負の遺産から批判的な自分も容易には逃れられなかった点である。

なお、本書では日共＝民青系の運動はもっぱら批判の対象だが、最近「新日和見主義」批判（一九七二年）により離脱した人たちと五〇年ぶりに懇談する機会があった。彼らからも学ぶ点があり、双方が気づかなかった点があることも知った。今後とも協力して東大闘争、広くは戦後社会運動史を総括する可能性が生まれた。

本書が、自己満足に終わらず、東大闘争・大学闘争体験者にはむろん、このテーマを研究している、これから志す社会学・歴史学の学徒に、そして少しでも関心のある若者たちに読まれることを念じてやまない。

第一章

東大闘争の経過と思想的意味

――「たった一人の反乱」まで

1969年6月15日集会、安田講堂前（中央、ヘルメットなしで演説する筆者）

†はじめに

二〇一九年一月一八〜一九日は「東大安田講堂攻防戦」五〇年に当たる。ここ十数年、参考文献にも明らかなように、手記や回想がかなり出版された。たしかに東大闘争の、そして大学闘争全体の総括は容易ではない。六〇年安保闘争のように統一的指導部のもとで（全学連主流派と反主流派の違いこそあれ）数人の指導者による回想を突き合わせれば全体像が描けるというものではない。東大全共闘に限定しても、個人参加の組織的性格からメンバーの数だけ総括があると言ってもよいほどである。

このことを承知の上で、一当事者として総括を若い世代に伝えたいというのが、本書執筆の動機である。たしかに、島泰三や故・小阪修平の著作は、前者は事実を再現し、後者は気分や雰囲気を伝え、当時を知らない読者にも分かりやすく書かれているが、総括としては物足りない。他方、五〇年経っても、社会学、とくに社会運動論の側からの研究は数点しかなく、計量的手法を用いた論文は歴史的現実とはマッチしていない。

本章は、大学闘争を一九七〇〜八〇年代「新しい社会運動」の前史とみる視点から総括しようとするものである。新しい社会運動とは政党から独立して、従来は軽視された課題やマイノリティ問題に取り組む、脱物質主義的な性格の運動（例えば環境保護運動）を指していう。筆者は当事者ではあるが、歴史家の眼で東大闘争を論ずるつもりである。

1　東大闘争の経過と特徴

†闘争の発端

東大闘争の発端は、一九六八年、医学部の卒業後研修のあり方をめぐる学生、研修医と当局との対立の過程で生じた「暴行事件」を口実とする処分にあった。一月二九日以来の無期限ストライキの中、二月一九〜二〇日になされた上田東大病院院長に対する会見要求の際に一医局員に学生らが「暴行」を加えたとして、三月一一日に医学部長名で処分が発表された（学生は退学四名、停学二名、譴責六名、研究生五名も研修停止など）。この「暴行」が医局員によるものであり、現場にいなかった学生まで処分されたことから、医学部学生の怒りが医学部長のみならず、処分の権限を有する大学の最高機関＝大学評議会と大河内一男総長に向かうのは当然であった。

こうして医学部全学闘争委員会は医学部図書館を封鎖するとともに、大学当局の責任を追及して三月二八日の卒業式を中止に追い込んだ。四月一二日の入学式は、教職員を動員して辛うじて実施されたものの、二大行事がデモに見舞われたことが大きく報道され、全学の学生たちの間に大学当局に対する不信や疑問が芽生えた。さらに六月一五日、医学部全学闘は大学本部たる安田講堂を占拠した。これに対する当局の回答が、一七日の「大学の自治」の建前をかなぐり捨てる機動隊導入であった。

同日に出された総長告示は、「学生の暴力に対する止むを得ない措置」と言うのみで、自ら下した学生処分という権力的措置には何ら言及していなかった。機動隊導入に対する抗議集会がもたれ、大学院生は全学闘争連合（全闘連）を結成し、その代表に山本義隆が推された。二〇日、法学部を除く九学部でストライキが行われ、安田講堂前では、数日前の教養学部自治会委員長選挙で民青（民主青年同盟）系を破って当選した今村俊一（フロント）を先頭とする駒場の学生を含む七〇〇〇人の大集会が実現した。集会の代表団は総長団交（団体交渉）を要求したが、大学当局は翌日これを拒否した。二六日、文学部学生大会は無期限スト突入を決定した。

総長会見（1968年6月28日、中央に大河内総長と今村委員長）

六月二八日、大河内総長が安田講堂に現れ、「総長会見」が行われた。総長としては一方的に「所信」を表明して終わりにしたかったのだろうが、学生側は処分に対する責任追及の姿勢で臨んでおり、議論はかみ合うことなく総長は一時間余りで退場した。翌日、三学部で抗議ストが打たれ、七月三日（二日深夜）には安田講堂が再占拠＝封鎖された。同日、教養学部代議員大会は無期限ストを決議し、五日の全学投票で最終決定され、医、文学部に次いで三番目に無期限ストに突入した。

†全共闘による七項目要求

七月五日「東大闘争全学共闘会議」が結成された。その代表者会議は各学部闘争委員会、院生の全闘連の代表に党派代表も加わった緩やかな決定機関である（代表は山本義隆）。各学部自治会代表から成る自治会中央委員会、院生協議会などは民青系が多数派をなお握っており、安田講堂占拠に反対し、「暴力学生＝トロツキスト」キャンペーンを展開していた。ここに全共闘、安田講堂周辺の「テント村」に集まる全共闘シンパ、民青系、一般学生という構図が成立した。ある調査によれば、この時点で学生大会における全共闘支持は二四・〇％、全共闘反対は一九・〇％であった。

七月一五日の全共闘代表者会議は、大学当局に対する要求を決定した。①医学部不当処分白紙撤回、②機動隊導入を自己批判し、声明を撤回せよ、③青医連を公認し、当局との協約団体として認めよ、④文学部不当処分撤回、⑤一切の捜査協力を拒否せよ、⑥一月二九日よりの全学の事態に関する一切の処分は行うな、⑦以上を大衆団交の場において文書をもって確約し、責任者は責任をとって辞職せよ、以上の七項目である。③の青医連は青年医師連合のことで、卒業医師連合の後身、④の文学部処分は、前年一〇月に行われた文学部協議会（教授会、助手会、学生自治会の協議の場）の際に起こった「暴行」を口実とする一学生への無期限停学処分のことだが、これも某助教授が先に手をかけたことが判明したから「不当」なのである。

大学当局は事態収拾のために夏休みのさなか、八月一〇日に「総長告示」を発表した。それは医学部処分を直ちに撤回するとは言わず、処分再審査委員会が結論を出し、評議会がそれを認めるまで「処分を発効以前の状態に戻す」という中途半端で、回りくどい表現であった。学生に暴力はやめよ、医学部生はストを止めて授業に復帰せよと一方的に言うのみで、処分と機動隊導入に関する自らの責任には口をつぐみ、文学部処分については言及もしていなかった。教養学部の折原浩《ひろし》助教授は、この「八・一〇告示」を全面的に批判する文書を発表した。「造反教官」の登場である。

この頃、全共闘は七項目要求を総括するスローガンとして「国大協路線粉砕」を掲げるようになった。文部省は、一九六二年の大学管理法（大管法）案の失敗以降、大学を直接に統制するのではなく、「大学の自治」を建前として認める代わりに、学長、学部長ら執行部に自主規制をさせ、学生自治活動を抑え込もうという方針をとっており、それを国立大学協会（国大協）を通して（背後では文部官僚たる事務局を通して）各大学に徹底しようとしていたことをいう。教授たちはこの仕組みと、内部的には牢固たる講座制（教授から助手に至るヒエラルヒー、典型は医局講座制＝「白い巨塔」）に支えられて「学問の自由」を享受し得た。個別研究で優秀だったとしても、「精神なき専門人」（ウェーバー＝折原）ではないかと批判されたのである。教授（会）と学生が、前者が学生の単位・卒業認定権、処分権を有し、院生に対しては学位論文認定と就職斡旋を行う「特別権力関係」にあることに胡坐《あぐら》をかくか、多くは無自覚であった。

†無期限ストと大学との「折衝」

医学部では八月下旬一部の学生がスト終結宣言を出したが（対抗して医学部全学闘は医学部本館を封鎖）、夏休み明けの九月下旬から各学部が次々と学生大会で決議し、無期限ストに突入した。一九日工学部、二七日経済学部、二八日教育学部、一〇月二日理学部、三日薬学部と農学部、そして、全一〇学部のしんがりが一二日の法学部である。この無期限ストには民青系も賛成であったが、それは全共闘から主導権を奪回するためで、彼らはバリケード封鎖反対を掲げて対決姿勢を強めた。

バリケード封鎖は、要求貫徹のための戦術であったが、無期限スト以降はバリケード内部を一種の解放区と見立てる考えが全闘連や各学部闘争委員会のノンセクト・ラディカルの間で生まれた。食料や寝具を持ち込んで泊まり込み、討論のみならずギター演奏なども行われたので（当時はフォーク・ソング全盛期）、解放区またはコミューンと称されたのも頷ける。あるいは、無期限ストで授業がないため自主講座が開かれたことも含めて、「大学自主管理」が実現されたかのように思われたのである。

一一月一日大河内総長は各学部長ともども辞任し、加藤一郎新法学部長が総長代行に就任、さっそく四日には「一一月中旬をめどとして全学集会」をもつので、学生間で代表を選び、学生委員会と折衝するよう提案した。同じ四日、文学部では林健太郎文学部長との無期限団交が始まった（一二日、林入院まで）。一二日、助手共闘も加わった全共闘は総合図書館を封鎖しようとして、図書館前で民青、実は共産党直属の「あかつき部隊」を背後にした東大民青と激突した。本格的な学内武力衝突の始まりであり、共産党は「トロツキスト暴力集団の排除なくして東大闘争の勝利なし」という転倒した、しかし断固たる方針を示したわけである。

加藤提案に対する学生側統一代表団はもはやあり得ず、「公開予備折衝」が一八日全共闘との間でもたれた（翌日民青系と）。安田講堂内外に八〇〇〇人を集めた「折衝」は、加藤代行が新執行部の基本方針を滔々とぶち、七項目要求については回答せず、折衝としては成立せずに五時間余りで終わった。

このことにつき、島泰三は「折衝」に応じたことが全共闘の路線からすると不可解だと記している。他方、小阪修平は「もし、東大闘争で妥協し最小限の制度的改革をかちとるならば、この時が最後の機会だったかもしれない」と振り返り、「八・一〇告示」の撤回を前提条件とする全共闘と、大学としての決定には時間がかかるので学生と対話する姿勢を示すという加藤代行の「すれ違い」を指摘している。

私も当時、小阪と同じ直感を抱いたが、いま思えば、どんな闘争や革命においても緊迫した局面では急進派が強く、この場合大学当局に対して極度の不信感を抱き「大学解体」、当面は全学バリケード封鎖に突き進むノンセクト・ラディカルが主導権を握ったとしても、それは「状況の論理」のなせるところで、何ら不思議ではない（今もって山本、故・今井澄らによる判断の真相は明らかではない）。

†無期限スト解除と機動隊導入

こうして当局との交渉を拒否し、いわば退路を断った東大全共闘としては、全共闘の全国的連帯に闘争の活路を見出す他なくなった。すでに、いったんは九月三〇日の古田会頭との大衆団交で勝利したかに見えた日大闘争は、翌日の佐藤栄作首相声明で「確認書」を反故《ほご》にされ、一一月一六日に文部省は日大、東大、東京教育大、東京外語大に「授業再開」通達を発していたからである。二二日「東大・日大闘争勝利全国総決起集会」が安田講堂前で開かれ、一万人をゆうに超える大集会となった。

しかし他方では、加藤提案に応じて代表団を選出する動きも顕著になった。民青系に加え、政府の強硬姿勢にたじろぐ学生、卒業を控え動揺する四年生の間から「秩序派」（教養の舛添要一、経済の町村信孝らがリード）が登場したのである。一一月末までに医、文、教養を除く七学部で、大学当局と交渉する代表団が選出された。

雑誌『世界』の調査によれば、一一月時点で（日付は不明）全共闘支持三三・二％に対し、全共闘反対は五一・五％で、しかも七月の三二・三％から急増している。島は、年末時点の教養を除く九学部及び教養学科合計の各勢力を、学生大会における提案賛否から試算している。全共闘系三三・九％、民青系二七・六％、スト解除派三八・五％で、反全共闘は六六・一％ということになる。

加藤代行は一二月二日に「学生諸君への提案」を発表した。八・一〇告示と医学部処分を撤回し、六・一七機動隊導入を誤りとしたが、文学部処分は撤回せず、追加処分はしないが林文学部長「監禁」は例外とするという内容であった。一〇日には第二弾を発表し、入学試験中止の恐れを強調して、七学部代表団との交渉に踏み切る（全共闘を相手にしない）ことを宣言した（薬学部は離脱、教養が加わる。ただし、加藤代行自身はその後も全共闘との意思疎通を試みたようである）。

この動きを背景に、法学部は一一月三〇日、一二月四日、一三日、二五日と学生大会を重ね、「法学部学生懇談会」提案が可決され、ついに無期限スト解除が決定された。経済学部、教養学科もこれに続いたが、他の学部のストは越年した。一二月二九日、大学評議会は入試中止を決定した（加藤代行自身は一月半ばの時点で最終判断するとしたようである）。

明けて一九六九年一月九日、全共闘と民青との二度目の大規模な衝突があり、機動隊が導入された。翌日秩父宮ラグビー場で「七学部集会」が開かれ、同代表団と加藤代行との間で一〇項目確認書が交わされた。処分は撤回され、追加処分はしないことが約束されたが、自己批判も責任者に対する措置も欠いたものに過ぎない。確認書からは民青系提案の学生自治活動、大学改革に関する項目がいったんは除外されたが、それは七学部代表団が一枚岩でなく、町村経済学部代表らの「秩序派」の発言権も強かったことを示している。

こうした東大「正常化」の第一歩に続くのが、安田講堂からの全共闘排除であるが、この攻防戦については島の著作に譲り、また、その後の「正常化」反対闘争については紙幅の都合で割愛せざるを得ない。

2　大学闘争の思想的意味

†全共闘の象徴的言語と時代

全共闘運動を理解するには、その象徴的言語を検討することが重要である。代表的な象徴的言語（スローガン）として、「大学解体」、「自己否定」、「異議申立て」、「造反有理」を挙げることに異論は少ないだろう（「対抗文化」は自主講座からライフスタイルに及ぶので、改めて論ずる）。

「大学解体」は、東大闘争の経過でいえば「国大協路線粉砕」の次段階のスローガンとしてノンセクト・ラディカルから提起されたもので、産業界と官界に奉仕し、人材を提供するだけの大学なら解体してしまえという気分を表現したものである。民青の「大学の民主的改革」が、さらにフロントの「大学革新」も無力化し、支持を失うのとは対照的であった。これをML派は「帝国主義大学解体」と左翼的に表現したが、革マル派は「大学解

政党	親同盟	青年・学生同盟	分派	学生活動家組織	拠点(68年9月)	ヘルメット色
日本共産党		民青同			法、理、教育	黄
共産党から分離	革共同	マル学同	中核派	反戦会議		白「中核」
			革マル派	学生会議	文	白「Z」
	共産同	社学同	関西ブント		医	赤
			マル戦派			
			ML派	学生解放戦線		赤白モヒカン
	統社同			社会主義学生戦線	教養、経済	緑

日本社会党		社青同	解放派	反帝学生評議会	教養、工	青（ブルー）
			協会派	改憲阻止学生会議		

東大の政治団体一覧（カラーは政治的シンボルであり、赤・白・黒色はロシア革命に由来、共産派、反革命、アナーキストを示した。褐色はナチ党を象徴した。緑はマフノ農民軍の色、のちエコロジストのカラー）

体」をサンディカリスト的（同業組合的）だと批判し「教育の帝国主義的再編粉砕」を掲げていた。フロントは急進化し、「教育の帝国主義的再編粉砕」とともに、グラムシの社会革命論を背景とした「大学革命」（安藤紀典《のりすけ》＝教育系院生）を掲げるようになった。

この「大学解体」とメダルの表裏の関係にあったのが「自己否定」である。高級官僚や高級管理職になって人民を搾取、支配する立場になるのは拒否したいという、院生や助手の場合は、自分の研究は、委託研究ならなおのこと、独占資本と体制に奉仕しているだけではないかという、東大全共闘に最も代表的に見られた自己認識の表現である。ある意味ではエリート意識の裏返しだが、「自己否定」が東大に限らず広まったのは、ヴェトナム反戦運動でべ平連（「ベトナムに平和を！市民連合」）が「内なるベトナム」を唱え、支持されていたからである。ヴェトナム戦争は侵略者アメリカに同盟国日本が協力することで遂行されており（基地や軍需物資の提供）、それを政府に許している国民一人ひとりにも加害者責任があるという発想は、「自己否定」論と通底している。

「異議申立て」は、一九六八年フランス「五月革命」で唱えられたコンテスタシオン、ドゴール体制と大学管理体制に対する「ノン！」である。これと一対をなすオートジェスチョン＝自主管理は、「五月革命」における労働者ゼネストで敢行された一部工場の自主管理のことであり、これも受容されて「大学自主管理」というスローガンになった。ついでながら、「安田攻防戦」と同時に繰り広げられた神田「カルチェ・ラタン」もパリ五月の街頭攻防戦に倣ったものである。

「造反有理」は、一九六六年に始まる中国「プロレタリア文化大革命」の中で、毛沢東が紅衛兵たちに「実権派」（「資本主義への道を歩む」とされた劉少奇、鄧小平ら）批判に起ち上がるよう呼びかけた言葉である。文革そのものはこの頃混乱し始めていたが、真相を知らない西欧や日本の左翼的学生にはソ連型官僚的社会主義（一九六八年八月「プラハの春」弾圧）のアンチテーゼとしてなお魅力があり、日本ではML派や親中国派知識人がこの言葉を普及させ、時代の気分を表現していたのである。

こうした象徴的言語は、「団塊」世代が入学し（一九六六年）、ますますマスプロ化した教育に対する失望、高度成長期のさなかで物質的には豊かになったものの、精神的には満たされず、「管理社会」の中で感ずる疎外感をも反映していた。一九六六年入学の小阪は、この年に戦後的な価値観からの転換を象徴する事件が起こったとして、ビートルズとＪ・サルトルの来日を挙げている。ビートルズが日本の若者文化に与えた影響は周知のことだが、サルトル『嘔吐』や大江健三郎、安部公房の小説に表現された「不条理」につき、「不条理の感覚がもっとふつうの学生にも感じられるようになってきた頃」と小阪は回顧している。

当時の問題意識ある学生たちを惹きつけた思想は、マルクス主義の中ではレーニン主義ではなく、初期マルクスであり、「疎外」論であった。これと並ぶのが、サルトルに代表される実存主義であり、中でも「行動する知識人」サルトルの「参加」（アンガージュマン）、「投企」（プロジェ）は魅力的な概念であった。小阪が言うように、「実存主義的気分にひたったマルクス主義」が支配的だったのかもしれない。「マル存主義」という言葉が流行っていたことが思い出される。

†全共闘運動の従来の運動との違い

戦後学生運動の歴史において、全共闘運動は特異な位置を占める。

第一に、それは政党・党派の主導ではなかったことである。一九四八年に結成された全学連（全日本学生自治会総連合）は、五〇年代は日本共産党の指導下にあり、六〇年安保闘争の前後にブント（共産主義者同盟）が主導権を握り、その後は分裂し、六〇年代後半は民青系全学連、三派系全学連、革マル系全学連が並立したが、政党・党派の指導下にある点では変わりなかった。ところが、全共闘は自治会と組織原理が異なるばかりか、主導権をノンセクト・ラディカルが握る大学が、東大、日大をはじめ少なくなかった点に特徴がある。従来型の上からの大衆動員ではなく、メンバーの自発的な行動、むしろ個人主義的・アナーキスト的行動が顕著であった。新左翼諸党派にも色濃く残っていた「前衛と大衆」という発想は忌避、嫌悪された。

もちろん、全共闘内部では、大学闘争を政治闘争に転化したい党派（「大学を安保粉砕・日帝打倒の砦に」等のスローガン）と「大学解体」を文字通り実現しようとするノンセクト・ラディカルの論争があり、「安田攻防戦」以降、七〇年安保闘争が日程に上るにつれて、党派主導が全国的に目立つようにはなった。しかし、東大全共闘のように授業再開阻止、卒業試験阻止といった「正常化」反対闘争をノンセクト・ラディカル主導でやり通したところも少なくない。党派主導が歴然としたのは、一九六九年九月五日の「全国全共闘連合結成大会」であり、逆説的にも、この日に自立的な全共闘運動が終焉したのである。

第二に、全共闘運動は戦後初めて大学当局と全面的に対決したものである。従来も、学生自治会と大学当局との対決は私学の学費闘争に見られたが、矛先はむしろ経営者＝理事会に向けられ、また、勝利、敗北いずれの結果にせよ、対決は一時的なものであった。六〇年安保闘争は大学に即して見れば、隊列こそ異なれ、教授と学生のいわばアベック闘争であった。大管法阻止闘争も、文部省の直接統制、「大学の自治」破壊に教授会と学生自治会が共同歩調をとったと言える。

しかし、全共闘は「大学共同体」、「大学の自治」幻想を暴露し、無期限ストライキやバリケード封鎖という未曽有の戦術を行使し、「大学解体」を掲げて当局と全面的に対決した。それゆえ、全共闘は機動隊によって弾圧、排除されてから、もはや帰るべき場所をもたなかった。安保ブントの指導者島成郎《しげお》が東大に復学して精神科医となったのに対し、東大全共闘の指導者山本義隆が戻ることなく在野の科学史家の道を選んだことが、その象徴的事実である。

第三に、全共闘運動は大学当局と対決するのみならず、学生存在の意味を問うた点で画期的であった。従来の学生運動は、日本共産党の「青年運動の一翼」論であれ、これに反発したブント以降の〔正確には、初代全学連委員長武井昭夫《てるお》が唱えた〕「層としての学生運動」論であれ、運動の位置づけを語るに過ぎなかった。すなわち、学生運動を前者はあくまで「労働者階級本隊」に従属するもの、後者は独自性を強調しつつも「先駆性」論に代表されるように「階級本隊決起の起爆剤」と捉えていた。日共も新左翼も、学生活動家を党専従としてリクルートし、労働者として配置することはしても、学生全体に卒業後いかにすべきかを問うことはなかった。多くの学生にとって学生運動は、体制側が言うように「麻疹」だったのである。ところが、全共闘はメンバー一人ひとりが学生存在の意味を問い、「自己否定」にまで至った。ただし「自己否定」して将来をどうするかが難問であった。

大学をマルクス主義的に位置づけると「労働力養成の高度な装置」ということになるが、全共闘の一部では宇野経済学の「労働力商品化」論がムード的に受け入れられ、中には大学を「労働力商品の再生産」工場などと語る者さえ少なくなかった。これは、労働者が生産＝労働過程で摩耗する自己の労働力を労働過程外で回復することを指すから、理論的には明白に誤っている。それでも語られたのは、大学を出ても企業の歯車になってアクセク働くしかないのかという予感、今はその予備軍でしかないという疎外感と共鳴したからであろう。また、社青同解放派の「反産協の闘う団結」論（産学協同路線のもとで学生は労働者になるよう運命づけられており、感性によって「血と肉をもったプロレタリアート」の実在に接近し、「プロレタリア統一戦線」の一翼を担うことができる）が一定の支持を得たのも頷ける。

同じ「学生＝労働者予備軍」論でも、当時ヨーロッパに登場した「新しい労働者階級」論（A・ゴルツ、S・マレ）と結びつくと展望が異なってくる。高度成長と技術革新の過程で生まれた大量の技術者、管理者は、高度資本主義の矛盾を集中的に受けているがゆえに労働者階級のむしろ先進的部分である。「学生運動はその最深部においては反テクノクラート運動である」（A・トゥレーヌ）。この議論は、技術の意味と役割、技術者のあり方を問う工学系大学院都市工学などの運動と重なり、後にオルタナティヴ・テクノロジーを掲げる『技術と人間』誌が登場したが、当時の全共闘に広く受容されたとは言えない。

結局、全共闘の誠実なメンバーは「ヴ・ナロード」（人民の中へ）的な道を選んだ。これは本来、一九世紀半ばのロシア知識人＝貴族が農奴制の上に成り立つ生活を捨て、農村に入って農民の覚醒をめざした運動のことであるが、まさしく「自己否定」に発したものに他ならない。それは一見すると、近い過去の似たような試みの繰り返しのようであるが、そうではない。戦前の「新人会」出身者が労働運動に入っていったケース、戦後の日共五〇年分裂の後に（山村工作隊とは別に）農民組合に入っていったケースであるが、これは、学生あがりは労働者・人民に奉仕すべきものだという共産党のイデオロギーに基づくもので、「自己否定」とは縁遠い。もとより、全共闘メンバーの入っていく先は多様で、労働運動、在日朝鮮・中国人連帯運動、部落解放運動、女性解放運動、障害者解放運動、反公害運動、反原発運動、生協運動等々であった。マルクス主義の階級図式に囚われず、現にある社会運動を選んだのである。

†全共闘の暴力と内ゲバ

東大全共闘は、たしかに武装し、実力闘争を行った。しかし、当初からゲバ棒（ゲヴァルト＝暴力）を持ち、投石したわけではないし、火炎瓶は「安田攻防戦」でのみ用いた。基本的には、全共闘の武装は「自衛武装」であり、主要には国家権力＝機動隊に、副次的には闘争の武装敵対者＝民青、とくに六八年一〇月から導入された共産党直属の暴力組織に向けられたものである（日大の場合は右翼体育会）。ただし、全共闘がアナーキーな組織ゆえに暴力行使に歯止めが利かない場合（逃げ遅れた機動隊員や民青活動家に対するリンチ等）があったことは否定できない。バリケード封鎖は、ストを教職員やスト破り学生から守るために行われ、内部の設備や器物には手を触れないはずであったが、怒りの感情、あるいは「大学解体」の単純な理解による破壊もあったことは残念である。内ゲバ（党派同士の暴力行使）は極力回避されたが、それでも「安田攻防戦」以降は、参加しなかった革マル派と他派との間でしばしば起こった。

マルクスは暴力を革命の「助産婦」と呼んだが、それは、社会の階級的矛盾が階級間の非和解的対立に発展することが主要だという意味である。暴力革命の典型とされるロシア革命も、一一月の武装蜂起はいわば最後の一突きに過ぎず、中国革命も「政権は鉄砲から生まれる」という毛沢東の言葉通りに実現されたわけではない。それは高度資本主義国ならいっそう当てはまることで、一九六八〜六九年の日本に革命の現実性があったとするのは、当時の大学闘争やヴェトナム反戦運動の騒然たる状況の中にあっても妄想であった。従って、革命運動ではない大学闘争には「自衛武装」以上のものは必要ではなかった。赤軍派のように大学闘争に唯武器論的な革命論を持ち込むのは、二重の誤りであった。

当時、共産党も新左翼も、スターリン主義の悪しき遺産を克服できていなかった。共産党は全共闘をトロツキスト呼ばわりし、これに対する武装闘争を正当化した。新左翼諸党派は一様に「反スターリン主義」を標榜しながら、対立党派を反革命呼ばわりし、その殲滅を叫んで、内ゲバに走った。一九三〇年代のスターリン体制下の反対派粛清、スペイン内戦下の反対派粛清、五〇年分裂直後の日本共産党東大細胞＝「国際派」内部におけるリンチ事件、五二年の「所感派」による反戦学生同盟（国際派系）活動家のリンチ事件などの歴史を主体的に反省していなかったのである。さらに言えば、レーニンにも内戦下の赤色テロルの行き過ぎに対する責任があった。暴力行使に伴うべきモラルという点では、レーニンが批判したナロードニキ急進派「人民の意志」党の方が優っていたと言わねばならない。

†おわりに

最後に、自分自身のことにも言及しておかねばなるまい。私は当時法学部四年生として、闘争と卒業＝大学院進学の間で悩みながら闘争に参加していた。一一・二二集会あたりから闘争が「引き返しのできない地点」に達したことを感じ始めた。「安田講堂攻防戦」には、その直前一月九日に検挙されたため参加しなかったが、戻ってみると全共闘の有力メンバーは逮捕されるか潜行していて、闘争を続ける他なかった。それは後退戦であり、卒業試験ボイコットのような苦しい経験もした。やがて東大は「正常化」され、多くの仲間は大学に戻るか、社会運動に散っていった。

私も社会運動に七〇年代を通じて関わり、次いで学生時代に志したテーマの研究に専念した。一九八八年、幸運と友情に助けられ大学に職を得て、八年後には念願の著作『スターリニズムの統治構造』を刊行した。就職以来たえず心がけてきた点は、教育であれ大学行政であれ、筋の通らないことには唯一人でも「異議申立て」することであり、それは退職まで貫いてきたと断言できる。

ここ二〇年、大学は五〇年前とは別の意味で岐路に立たされている。新自由主義政策のもと、国公立大学の独立行政法人化を機に、大学間の競争が強いられ（序列化が進み）、その実、文部科学省の補助金をテコにした統制はかえって強められている。「大学の自治」は形骸化し、「学問の自由」は実学優先、産学提携の趨勢下に空洞化しつつある。かつては欺瞞的と左から批判された「大学の自治」、「学問の自由」は、右からの攻撃の前に擁護せざるを得なくなったのである。もとより、教員がかつてと同じ特権的存在、優越的地位であってよいわけはない。この意味で、私は四年前の退職まで、立場と手段を変えて闘争を継続していたことになろうか。

【長めの付記】

右本文は一〇年前に執筆したもので、その基本はいささかも変更の必要を認めないが、東大闘争の「ポイント・オヴ・ノーリターン」(引き返しのできない時点)、一一月中旬から一か月間弱の期間の動向は補足しておいた。歴史家としてはオルターナティヴ(あり得たかもしれない可能性)を考えるが、予備折衝で「妥結する」可能性は、ノンセクト・ラディカルの強硬な「大学解体」論と新左翼諸党派の「全国闘争化」「政治闘争化」の競合の下では、まずあり得なかった(故坂本総長代行補佐は著書で、最首助手とのパイプは最終局面まであったと記している)。

私は大学で「西洋政治史」(第一次世界大戦以降)を講義してきたが、どのような革命、それに準ずるような変革も「支持派2、反対派2、中間派6」であって、当初は中間派の多数が左傾し、政権は急進化するが、その急進化についていけなくなった中間派の多数が反対派に回るものだ、フランス革命の場合は転換点が「封建的特権の無償廃止」で、満足した農民の支持を背景に「テルミドール」が起こったのだと説明してきた（ロシア革命もこれに準じて）。むろん、大学闘争のような同世代の三〇％程度、それも四学年にしか及ばない少数者の社会運動は、一国レベルの革命と比較すべくもない。それでも、この「振り子」現象は、例えば法学部学生大会の場合、一〇月一二日のスト突入時に投票総数四二五、賛成二五一（五九・一％）、一二月二五日のスト解除時に各八〇一、四三一（五三・八％）という形で観察される（それにしても解除時の参加者の多さ、つまり卒業・進級の心理的圧力の大きさ！）。

全共闘は学内外の情勢につき、いくつかの誤算、甘さがあった。加藤執行部が大河内執行部とは異なって、柔軟な対話姿勢と七項目要求の大半を呑む態度を示した（全共闘はこれを「欺瞞的」と一蹴した）こと、この加藤執行部の登場と林文学部長追及、図書館前の武闘によりマスコミの報道がアンチ全共闘に転じ、世論の支持が減少していったこと、そして、政府自民党の入試中止も含む強硬姿勢を読み取れなかったこと（この点は加藤執行部自体も同じ）である。この結果「妥結する」可能性は先述のようになくなり、「安田講堂攻防戦」はほとんど避けられなくなった。

それにしても、一月一九日「最後の時計台放送」で今井澄防衛隊長が「闘争は勝利した」と語ったことには、後に（留置場から出てから）聞いて違和感を覚えた。「安田砦」は落ちても「東大闘争は全国化する」という意味に相違なく、立て籠もって逮捕された仲間のためにもそう語る他なかったのだろうとは思うが、「われわれは敗れて囚われるが、後に続け」と率直に言うべきではなかったのか。全共闘活動家（今井はML派でもある）が主観主義に自縛された典型例に他ならない（右の、自分たちは正しいし支持されている、政府など恐るるに足りないという認識も）。

最後に「東大解体」について、このスローガンには、東大の果たしてきた産軍学共同と官僚などエリート養成における体制維持的役割を批判する以上の意味があったのか、である。当時、折原や安藤は、東大の外に文部省の統制や財界・企業の要請から自由な、教授会のような身分制ヒエラルヒーと単位及学位認定権を持たない大学を考え、とりあえずは自主講座を設立、維持することをイメージしていた。それは東大内部では、大学院の経済系や工学系都市工学で部分的に実践され（自主カリキュラムの単位認定、助手制度の廃止）、外部では宇井純の自主講座「公害原論」として実現され、一五年続いた。後者は入学・卒業試験もなく、学生以外にも広く門戸を開放し、公害被害者や支援者の声にも耳を傾け、日本の環境保護運動に理論と人材を提供した、その意味で「カウンター・カレッジ」だったと評価することができる。

生越忠《おごせすなお》は公開自主講座「大学論」で、折原らが述べた目指すべき大学像に加えて、「東大解体」の制度的構想を示した。マンモス化した総合大学（それゆえに大学ヒエラルヒーの頂点に立つ）の分割・解体で、その内容は、①教養学部の独立大学化、②九学部の独立大学院化、③付置研究所の独立研究所化、④医学部付属病院の国立病院化である。のちに東大をはじめ国立大学は「大学院大学」化され、「独立行政法人」化されたが、規模はむしろ拡大した。生越は、法律家や医師の養成はアメリカのように大学院レベルの各種学校で行うことにすれば、法学部や医学部は不要になるとさえ述べていた。二〇〇三年に「高度専門職」養成のためとして設立されることになった専門職大学院は、大学ごとに設置する必要はなかったことになる。

明治期の帝国大学発足以前の法曹養成が司法省法学校＝専門学校で行われていた歴史と米国の実情に鑑みれば、学部の上に「屋上屋を重ねる」日本の法科大学院の自由設立は設計ミスだった（乱立の結果かなり多数の法科大学院が、本学も含め定員割れして募集停止、閉鎖に追い込まれた）と、当時の成蹊大学法学部長として思い至らなかったことの反省を込めて指摘したい（社会人に開放したことは宇井・生越らの大学論とも相通ずる）。

参考1　当時の日記と母の短歌から

一九六八年三月

＊母の歌から

・安田講堂旗並《な》め捲きしデモの写真　ヘルメットなき高き汝見ゆ

六月一七日　早めに出るつもりだったが、Aの電話で起こされた。機動隊導入である。テレビで見てから出かける。

とにかく今村〔俊一。前日、東大教養学部自治会委員長に当選〕の初陣ぶりは見事だった。実に東C〔教養〕から一五〇〇、〔銀杏〕並木ないしは〔安田〕講堂前で集会をしていると、次から次へとクラス旗のうねりが近づいてくるのだ。そして集会場にはためく東大教養自治会旗、その下でまさにりりしいとも云うべき今村委員長。大衆の一人一人がこの男に信頼を寄せているのを感じとる事ができる。……とにかく不思議なのは、この危機、そして活動家の危機アジリにも拘らず、誰もが云ったように、大衆の表情が生きている事だ。自決と自律の思想の萌芽がここにはあるのだ。

六月二〇日　〔法学部〕学生大会で名アジ〔テーション〕にも拘らず、我々〔青〔社青同解放派〕と共闘〕の提案は、民〔青〕と共に保留。統一集会実に六〇〇〇。ただ我々を含めて統一議長団の運営――大衆のエネルギーをどう嚮導《きょうどう》するか、具体的な形態を与え得ない――に問題多く、学友の不満がそここに聞かれた。

今夕の毎日〔新聞〕は「反代々木系主導権握る」とある。安保以来最大の闘争である。

七月九日　夜Ｃ〔教養〕へ。Gewalt〔ゲヴァルト〕必至だということだが〔駒場共闘の主導権争いで解放派の襲撃に備えた〕、結局朝ビラまきの時もめた位で済んだ。それにしてもグラ研〔駒場寮の中の「グラムシ研究会」という部屋で、フロントの拠点〕へ入って驚いた。文字通り完全武装の学友諸君が四〇名もいるのだから。あのスタイル〔ヘルメット、タオル、軍手、側に角材〕は何も三派専売ではなく、我々がしても結構スゴミが出るものだ。自治会室でムスケル〔ドイツ語で肉体労働、ビラ作成・印刷などを指す〕を手伝ったり、〔E. H. Carr〕*Socialism in one Country* に向かったり。眠くてゼミは辛かった。もっとも、退屈な報告に坂本さん〔教授〕もウトウトしていたとか。

八月二三日　およそ単調な八月。書く事は何もない中で、これだけは書かずにいられなかったのが「チェコ」だ。全くクレムリン官僚打倒と云いたくなる。俺はもう少し「トロイカ」〔ブレジネフ共産党書記長、コスイギン首相、ポドゴルヌィ最高会議幹部会議長〕は利口だと思っていた。世界構造の変化をアメリカよりもはるかに早くから認識し、フランスやA・A〔アジア・アフリカ〕との外交によって、それを実践していたクレムリンも遂に、その構造の変化が「内庭」に及ぶ事だけは認めなかったのだ。

社会主義国間の平和共存という、わが構革派の主張の正しさが悲劇的な形で実証されるとは。戦車に踏みにじられたチェコ、だが歴史はチェコの味方だ。それは一般論としてではなく、世界構造の多元化＝社会主義民主主義の道がさし示しているのだ。

忙しい中で、このニュースにはできるだけ気をつけている。

九月三〇日　実に〔深夜〕一一時にまで及ぶ学生大会。久々に二度アジったが、無期スト、一一票差で保留とは悲しいような、そうでもないような（忙しくなるから）。解放〔安田〕講堂に泊る。

一一月二三日　一二日から二三日までの緊張と疲労がようやくとれようとしている。一二日図書館前の乱闘〔全共闘と民青との武装衝突〕、怒号の中での一四日学生大会のアジ、一八日公開予備折衝で師弟としてではなく「敵」として二カ月ぶりに対面した坂本教授〔加藤総長代行の特別補佐〕、……民青を徹底して批判し、反論を許さなかった二〇日学生大会の名アジテーション、椅子を運ぶ途中、階段を踏みはずしたとき助けてあげ、朝起こしてコーヒーを飲ませてくれた早大の可愛い女の子等々、ゲバ棒を握り、従って検挙も覚悟で泊まり込みのこの一〇日間の光景が次々と思い出される。

だが僕はそう後悔もしていない。一一・二二全共闘・反代々木大連合の図書館封鎖・一万人集会は、日本学生運動史上に残る輝かしい闘争であり、自分も一人の学生活動家として、それに加わる事ができ、しかもそれが最後であろうからだ。

＊母の歌から

・又幾夜眠られざらん汝が父には　告げず解放講堂にいること

六九年一月〔九日の民青との武闘に対する機動隊導入で検挙され、浅草警察署の留置場にいたため、日記は中断〕ここで、山谷の住人ら「犯罪者」とされる人々に初めて接し、色々と考えさせられた。安田講堂攻防戦のことはいっさい知らなかったが、看守が「お前たちの砦は落ちたよ」と伝えた。私は九日の検挙は予定外で、守備隊に入ることを覚悟していただけに、複雑な気持ちだった。

＊母の歌から

・いかなる房にぶち込まれ黙秘を続けいん　弟の如くは心病むなかれ

・敗れしは吾子らの全共闘のみならず　機動隊に宵々を委ぬる東大

一月二六日　母と、弟の見舞いに〔国立武蔵療養所に〕行った。俺がパクられた〔検挙された〕事など何も知らずに、生活を語ってくれた。それ〔精神病院〕と似たような拘束と退屈の下にあった俺には、その生活を辛いとも何とも云わぬ弟が益々哀れに思えた。

二月七日　……昨日は一日中ムスケル、オルグ〔党派への勧誘〕、フラク〔フラクションﾞ大衆団体の会議の前に自派で行う打ち合わせ〕、集会、会議でバテた。朝から立看、Aとのフラク、薬〔学部〕へ二度出かけ、都市工〔学科〕と駒場の件でN〔と話し〕、それに経院・経闘委〔経済系大学院・経済学部闘争委員会、フロントの本郷における拠点〕にも顔を出し、本郷中をかけずり回っていた。……

久しぶりに駒場の夜は十八夜位か、凍てつくような乾いた空気だった。思い出の多い駒場の夜だが、普通なら卒業試験を受けている今頃、こんな事をしていようとは夢にも思っていなかった。

三月一日　Mと話す。昨日、お前に良からぬウワサがあるので話したいと云われていた。ほぼ予想した通りだった。一部タカ派教授が、僕が〔大学院に〕進学するのは共闘派として筋が通らぬのではないかという形で、この間の（一二月法研封鎖以来の）「責任」を公的にではなく、問おうというわけだ。……

三月九日　この間毎晩㈹〔全共闘代表者会議〕で帰りが遅くなり、消耗する。もっとも討議自身は〈破壊〉〔路線〕をめぐるフロント、革マル対ML派、ノンセクト・ラディカルの対立で結構活気はあった。……

＊母の歌から

・春いまだ荒れにし時計台を登りつめ　少女と居りしとぞ集会果てて

三月二七日　『現代の理論』五月号「東大闘争の運動論的総括」〔経済大学院の原沢さんと共著〕、原稿かなりよく書ける見通しが立って一安心。

五月二日　菊地昌典《まさのり》さん〔教養学部教授、ロシア史、全共闘シンパ〕と話す。彼が語る事はすべて、僕がかつて「行く」気だった時の論拠である。従って僕の論理にほぼ同意せざるをえなかったわけだが、くれぐれもという意味を込めて「退路を自ら断つような宣言は出さないでほしい」と云っていた。……

〔卒業試験〕拒否宣言を書いている。思えば僕が東大闘争に真剣に取り組んだのは、一・二二〔釈放〕以降であり、真に主体的に受けとめたのはこの行為が初めてなのだ。「闘う研究者」になると云っても、全闘連・助手共闘の諸氏のように、闘う現実の厳しさを受けとめた訳ではなかった。又、ノンセクト・ラディカルの諸君のように、自己を自虐的にさえして告発したわけでもなかった。

僕のこの行為は、まさに折原氏的な「自己を論理性と道義性の統一に於いてギリギリの淵に立たせる」ものであり、〈政治〉を判断基準として政治を泳いできた自分への告発なのである。云いかえれば、目的合理性と価値合理性の鋭い緊張の一局面に自らを置く事である。それは又、構革派として〈思想〉と価値合理性を忘れた自分の再生のためでもある。

五月六日　拒否宣言出す〔ビラと立て看で〕。学部長も民青も神妙な顔をして読んでいたそうだ。〔註：他に二人が同じ院内定の立場で卒業試験を受けなかったが、宣言を出したのは私だけ〕

＊母の歌から

・大学院推せんの特権を遂に振る　敗勢の純潔に母はとまどう

・「内なる東大」言葉ながらに壊さんに、苦悩過ぎにし頬骨見やる

参考2　現時点での受験＝進学を拒否する
――当面する法学部学年末試験の問題に関する私の回答　一九六九年五月五日

闘いの場を選ぶために、今闘いを裏切らねばならないか。

＊

五月二二日からの法学部学年末試験を前にした私の立場は、端的に云って、かかる二律背反の中にあった。否、昨年九月の内定の段階で、東大闘争の意義と展望を十分見出しえず、進学ボイコット闘争を組織しえなかった私にとって、二律背反の中に自らの立場を置いたと云うべきであろう。既に私は大学院進学を決意した一昨年冬から、研究室を「闘いの場」としなければならないと考えていたし、東大闘争を通じて、この確信はより強固なものとなってきた。既成の学問をのりこえるためには、その蓄積を消化し、批判的に摂取する事から出発しなければならず、従って既成の研究体制の

中に一旦は入らなければならない。しかし同時に、学問研究の意義、学問の存在形態（研究室に独占され、市場ベースに乗っている事）、研究者のあり方等々を絶えず問い続け、既成の研究体制を告発しなければならない。〈のりこえ〉はこれなくしてはできない、「闘い」とはこれである。だが、まさにかかる「闘いの場」を選ぶために「正常化」の一環としての今回の試験を受けなければならないとは！

今回の試験は、大学当局にとって「正常化」の、しかも締めくくり的な意味をもつ重要な一環である。既に医・文を除く八学部で授業再開を強行、理科系四学部の進級・卒業のプログラムを実現し、八十島《やそじま》委員会を軌道に乗せて「大学改革」の準備を着々と進めている当局の当面の課題は、（教）養・法・経・（教）育四学部の進級・卒業の遂行と「シンポジウム」による「大学改革」への学生の統合、全共闘の最後的孤立化である。かつて「入試中止—大学閉鎖」のキャンペーンによって、個別利害を脅かされた秩序派を大動員し、もって形成した多数派の名の下に、あの血の弾圧を行った当局は、今回もまた、就職（進学）を決定した四年生、決定しようとする三年生に対し、その個別利害を脅かす事によって学生を分断—統合しようとしている。事実、この試験による〈無言の恫喝〉は理科系四学部に於いては功を奏し、残る学部に於いても一定の動揺を創出している事を率直に認めなければならない。

とりわけ法学部当局は、一・一八〜一九後直ちに進級・卒業時期を確定し、それから逆算して授業計画を立て「学生諸君との今後の検討」もどこへやら、緑会委〔員会、民青〕系諸君との二・一五代表交渉なるものでお茶を濁し、あとは馬車馬の如くノルマを果たしていった。我々の追及に対しても居直りと欺瞞をくり返すばかりか、丸山・坂本ら一部教官をいわばスケープゴートにして、全体としては「正常化」を実現していくというものであった。

＊

今回の試験に対するかかる位置づけからはしかし、直ちに拒否―強行粉砕が導かれるわけではない。もし全共闘にとって東大闘争は敗北したという現状認識に立つなら、私は新たな運動のために受験＝進学する事をためらわないであろう。私は道義性一般〔「節を守る」〕や、また反対に、個別利害〔「個人的事情」〕からではなく、あくまで運動の担い手として、運動の可能性と方針を基軸に問題を立てるからである。従って次に私は、現状認識＝運動の可能性と方針について述べなければならない。

現局面は確かに後退局面である。しかしそれは一般的な、従来の学園闘争に於ける如くそのまま敗北へとつながる後退局面とは異なる。第一に、一・一八〜一九闘争を通じて全国学園闘争の最も突出した位置を占め、それ故教育政策の近代的再編の矢面に立たされている事（加藤「自主改革」路線）、第二に（第一の特殊な要素として）「機動隊大学」下にあって、追及・封鎖による全学的闘争焦点の創出が封じ込められている事、第三に、総体としては加藤路線は未だ学生の統合に成功しておらず、なお、イデオロギー的＝制度的準備の段階にある事、である。

逆に云えば、中教審（中央教育審議会、文相の諮問機関）答申―「正常化立法」策動に対する全国学園闘争の再度の高揚を背景にした、加藤「自主改革」路線に対する闘争の全学的焦点化によって、全共闘派の再結集と長期闘争体制の構築をなしうるであろう。しかも広義の全共闘派は今なお五割以上を占めると思われるし、方針と展望さえ明確になるなら再決起するであろう（重い四・二八（沖縄闘争）で一〇〇〇名）。試験強行粉砕闘争と加藤シンポ粉砕＝追及闘争は、その有機的結合に於いて、かかる全学的焦点たりうるし、そうしなければならない。そしてそれを通じて既成研究＝教育体制から離脱したボイコット集団を形成し、もって教育の帝国主義的再編に対する、また対抗講座を軸とする文化闘争の問題提起部隊としなければならないし、全闘連、粉砕カリキュラム委員会に結集する部分は実際かかる部隊へと転化しうるであろう。

私は単なる精神主義＝ガンバリズムで試験拒否―強行粉砕闘争を提起しているのではなく、運動の担い手として、後退局面に於ける前進の要素を最大限運動化しようとするものであり、かつその事に最後まで責任を負おうとするものである。そして誤解を恐れずに敢えて云うなら、五月闘争をかかるものとして展開できないとすれば、当局との全学的焦点をもった第一次東大闘争は終焉し、第二次東大闘争の準備期に入らざるをえないであろう。またそういう五月闘争であればこそ、現状認識は客観主義的であってはならず、すぐれて主体的でなければならないと云えるのである。

以上のような試験の位置づけと現状認識＝運動方針の故に、私は現時点での受験＝進学を拒否する。

＊

ところで、私が履修届を提出した事に対し当然にも批判を加えられた。その時点では私は未だ決断しかねていたと云う他はない。その理由は次に述べるが、この批判について一言ふれておきたい。ある諸君は曰く「試験強行粉砕を唱えていながら、届けを出すのは自己矛盾だ」と。その通りである。しかし、相手の論理に則って批判する事が、その論理をどう受けとめるかと云う姿勢を欠いた時、単なる「批判のための批判」に堕すという事を云っておきたい。私が「個別利害を放棄するか否かの選択なのだ」と云った時、その諸君は「我々も試験を妨害される事によって個別利害を脅かされているのだ」と反論したつもりになっていたが、彼らは二つの立場の間に、個別利害に対する姿勢——主体的か受動的か——に、超えがたい溝がある事に気づいてはいなかった。

私が決断をためらった理由は、この拒否が研究活動の事実上の放棄を意味しはしないかという事にあった。それは、この拒否に対して法・教授会がどう対応するかといった次元の問題ではない。矛盾の解決形態としての拒否が新たな矛盾を提起するという事、すなわち、私にとって拒否はあくまで運動を伴うわけだが、この運動によって「正常化」を遅らせ、あるいは破産させて別の形の「正常化」を引き出すとすれば、それが私の受験の次の機会（来年一、二月）と時期的に一致する可能性をもっている事、否、闘争の主体としてはそれを目的意識的に追求しなければならないことである。

つまり、現時点での拒否は、主体的な意味に於いて論理的には、次の拒否を内包しているのである。かかる矛盾の解決は、完全勝利か、第一次東大闘争の終焉という意味での敗北か、いずれでしかないが、そもそも個別東大闘争に於いて前者はありえないし、後者について論ずる事は今はできない。

*

私は今も研究活動への情熱を燃やし続けている。「社会主義とナショナリズム」と仮に総称した私の研究課題は、いわば古くて新しい課題であり、まだ殆んど解明されていない、困難なものだという事を知っている。その一要素としての「社会主義国家に於けるナショナリズム」という問題一つとってみても、変革主体にとって極めて実践的であると考える。社会主義国家が、その発展過程に国家死滅の契機を生み出さねばならないにも拘らず、一旦国家として自己形成せざるをえない以上、国家への忠誠＝同一化を人民から調達しなければならない、その意味で（近代）資本主義国家と同様ナショナリズムが問題化せざるをえないからである（私はソ連についてごく初歩的に研究している段階であるが、中国文化大革命、チェコ「民主化」もこうしたパースペクティヴから問題にしうるだろう)。

ある教官は、「君の問題意識は貴重だし、かつ研究活動への情熱があるとするなら、もっと長期的な視野に立って……」「全共闘諸君は既成の研究への批判を、自らの新しい研究によって完結する義務がある」と忠告してくれた。

私は、彼の忠告の意味を十分理解できる。しかし、〈政治〉(コストの計算=目的合理性)を唯一の基準にするならともかく、〈政治〉と〈思想〉との、目的合理性と価値合理性との鋭い緊張関係の中で選択する立場にあくまで自らを置こうとする私にとって、選択は道義性一般(〈思想〉)や「闘いの場を選ぶのだから、しかも後退局面だから」というだけの論理(〈政治〉)ではなく、あくまで運動の可能性とそれを現実化しようとする自己の立場という次元の問題であると考える。私はこの選択に、東大闘争という一局面ではあるが、自己に於ける〈政治〉と〈思想〉、また〈運動〉と〈個人〉の統一を求めようとするものである。

*

闘いを裏切らないために、今闘いの場を選ばない。

【付記】「裏切る」という言葉にまつわる、スターリン主義の、とりわけ日本型のそれのイメージを私は嫌うが、他に適当な表現を思いつかないので、敢えて、かつ私に対してだけ使用する。他学部で受験＝進学した諸君、また法学部でも私と同じ行動を取らない諸君に対してではない。

第二章

反戦運動と生き方の模索
——闘争前の東大キャンパス

「ブーさんを守る会」会議、ブーさんの左後ろに立つのが筆者
(「週刊朝日」1967年6月2日号)

†はじめに

一九六八年に始まる大学闘争の底流は、欧米でも日本でもヴェトナム反戦運動だった。アメリカのヴェトナム軍事介入はケネディ政権時に始まったが、反戦運動に火をつけたのは、トンキン湾事件を口実とする六四年八月の北ヴェトナム爆撃である。翌年三月、米海兵隊三〇〇〇がダナンに上陸して地上戦も本格的になった。日本では「ベトナムに平和を！市民連合」が小田実《まこと》らの呼びかけで結成され、四月に最初のデモ行進を行った。六月には日韓条約が調印され、その批准への反対運動もあったが（日本の植民地支配の反省や在日朝鮮・韓国人の法的地位には関心が薄く）、ヴェトナム反戦運動の方が人々をひきつけた。

ヴェトナム反戦運動が盛り上がったのは六七年で、日本では佐藤首相のヴェトナム訪問に反対する闘争が一〇月八日羽田空港付近で展開され、京大生山崎博昭が死亡した。その数日後にワシントンでは一〇万人の反戦集会があった。一一月には佐藤訪米阻止闘争が羽田空港付近で展開された。アメリカでは若者が徴兵されるため、また徴兵に人種差別があったことから、ヴェトナム反戦運動と以前からの黒人の公民権運動とがタイ・アップしていた。ベ平連は、脱走米兵を支援する活動を繰り広げた。日本の運動は、アメリカのヴェトナム侵略に反対するだけではなく、日本の基地や物資の提供（特需）を通じた「侵略加担」を問題としたのである。

六八年は、ヴェトナム解放勢力のテト（小正月）攻勢で明けた。サイゴンの米国大使館も一時占拠するような攻勢であり、アメリカは五〇万を超える兵力投入にもかかわらず不利な戦争を強いられた。テレビが、米軍機によるナパーム弾や枯葉剤の投下を、また「ヴェトコン」（ヴェトナム・コミュニストの短縮形だが、南ヴェトナム解放民族戦線は共産主義者ばかりではなかった）と見られる農民を撃ち殺す生々しい報道をしたことは、アメリカ国内の徴兵拒否、反戦運動を否が応でも高めた。アメリカは国際世論の批判も受けて、五月には北ヴェトナムとパリで和平会談をせざるをえなくなったのである。

当時欧米、日本は高度成長期にあり、それなりに豊かな生活が実現されたが、若者は必ずしも満足しなかった。時代の気分を表したフォークソングが流行した。ボブ・ディランの「風に吹かれて」、ジョーン・バエズの「花はどこへ行った」は一大ヒット曲である。バエズは「フォークの女王」と呼ばれ、人種差別反対とヴェトナム反戦のプロテスト・ソングを代表した。前者の歌だったWe shall overcomeは、日本ではべ平連の集会から広まっていった。

一九六八年四月に米コロンビア大学が占拠され（ノンフィクション『いちご白書』）、五月にはパリの学生たちがストと街頭占拠（カルチェ・ラタン）を敢行した（翌年新谷のり子の歌「フランシーヌの場合」が流行）。五月に日大、六月に東大で学生が当局に対して決起したのは偶然ではない。ヴェトナム反戦運動をしてきた学生が各大学当局との闘いに起ち上がったという担い手の連続性もさることながら、「内なるヴェトナム」の問いが「内なる大学」にも向けられた学生の意識変革が大きい。日本でヴェトナムへの侵略加担を政府に許している自分たちは、資本主義システムに組み込まれて搾取と収奪に加担することになる、今そのように教育されているという自覚である。

1　東大のヴェトナム反戦運動

†駒場での自治会・学友会活動

日本の学生運動は六〇年安保闘争から下降線をたどってきたが、下げ止まりが一九六四

〜六五年の日韓闘争であった。筆者が六五年四月に東大教養学部に入学したとき、自治会執行部は二年ぶりに民青（民主青年同盟、共産党の青年組織）から反民青に移行していた。委員長は社学同マル戦派（社会主義学生同盟マルクス主義戦線派）の濱下武志、副委員長はフロント（社会主義学生戦線）の山田勝であった。40LⅠⅡ11B（昭和40年入学文科一・二類11組ドイツ語クラス）の私は、オリエンテーションを担当する一年上に山田がいたため、自治委員を志願して選ばれると、さっそく目をつけられた。

自治委員としての最初の仕事は、ヴェトナム戦争反対でクラス（五〇人）討論をリードし、皆を引き連れて集会・デモに参加することだった。クラス討論の資料は雑誌『世界』から借用し、アメリカのヴェトナム戦争は、共産主義と闘うと言いながら仏教徒やカトリック教徒も解放民族戦線に追いやっている不正義の戦争であり、一刻も早くやめさせるべきだという程度の認識だった。私自身も不勉強で「帝国主義」のテの字も出てこない訴えだった。行動は日高六郎、小田実ら知識人が呼びかけている久保講堂の集会に参加しようというものだった。それは功を奏した。

＊六月九日の日記から

「二限、有志とプラカードを作る。Mが来てくれたので（奴はいつもやや反動的な発言をする）、特にクラス決議尊重という観点から喜ばしかった。昼休みには相当集まり、北寮前の統一集会でクラス決議報告のアジ演説をやらされた。文化人五氏声明支持と言ったら民〔青〕の奴らが喜んでいたが、久保講堂集会参加と言ったらおとなしくなった。時計台下に集まり、わがクラス二五名を中核に出発、渋谷までで、例の如く機動隊と遭遇。連中はプラカードを逆にしろなどというナンセンスな形式主義を振りかざして言うことを聞いてくれない。ついにこちらも折れる。久保講堂集会では少々居眠りをしてしまったが、意義ある講演だった。……」

この六・九クラス行動は、山田が高く評価してくれた。当時のフロントは、社会主義学生戦線（フロントは戦線の英訳）と名乗ってはいてもイデオロギー色は薄く、自治会民主主義を生かして学生大衆をヴェトナム反戦等に立ち上がらせることを方針としていたので、いわば模範的な活動であった。フロントは出入り自由な活動家組織であり、オルグされたと言うよりは、いつの間にかフロントになり、他党派からそう見なされるようになったのである。

フロントのデモは、べ平連を少し急進化して「フランス・デモ」（道路いっぱいに広がるデモ）をやる程度だったが、三派（ブント、中核派、解放派）全学連・都学連と共闘する場合には「ジグザグ・デモ」をやり、機動隊との激しい押し合いも経験した。六五年秋は日韓闘争のヤマ場で、一一月九日には社会党・共産党の統一行動があり、三派・フロントもこれに参加した。

＊一一月九日の日記から

「この日の都学連は社共共闘の大義名分もあり、約五千、一〇列五梯団の強力なスクラム。東C〔トンシーと発音、東大教養〕は第四梯団の先頭。国会までは何ということはなかったが、議員面会所前で遂に激突。向こうは装甲車の列を背に満を持していた（周辺を含め五千はいたろう）。こちらは指揮もまずく、突破口を開けず、ぐんぐん押される。何でも一・二・三梯団がサンドウィッチにされ、日比谷公園に持って行かれたそうで、数の上でもかなわない。一時間程すわりこみ、再度突入をはかったが、さらに増した機動隊の壁は余りにも厚すぎ、一挙に押され出す。ワーと喚声を挙げて駆けてくる恐ろしさと言ったらない、まさに完敗である。」
＊母の歌集から　「資本家の犬」と父呼びし一夜明け　デモに突入するのか吾子《あこ》よ

一二月に私は、フロントが主導権を握る学友会（クラス・文化サークル・運動部の代表からなる自治会とは別の学生団体）の議長に選出された。毎日のように学生会館の理事室に出かけ、あまり政治色のない世話役活動に徹した。教官との接触もあり、サークルの届出問題のような実務以外では、当時はやりのティーチ・イン（アメリカ由来の教授・学生討論会）を準備した。そのテーマもヴェトナム反戦だった。

学友会議長は六六年六月任期満了で交代、今度は駒場祭委員、企画Ⅱ部長（本部企画担当）になった。自治会では正副委員長は民青が引き続き取ったが、常任委員選挙では二年ぶりに反民青連合が勝利し、私も常任委員に選出された（自治委員会総会で）。この頃になるとフロントの会議に常時出席するようになり、駒場祭委員、企画Ⅱ部長に就くことも会議の決定によるものだった。また、上部団体の統一社会主義同盟（統社同）に入らないかとのオルグを受けている（入ったのは一〇月）。

この秋もヴェトナム反戦行動には熱心に参加した。一〇・二一国際反戦デーでは、フロント系ヴェトナム反戦共闘による首相官邸横の座り込みが機動隊の弾圧を受け、ごぼう抜きされるとき鼻を強く殴られている。一一月七〜一三日は泊まり込みで駒場祭の準備、実施に当たった。私が責任者である本部企画のテーマは「ヴェトナム反戦」(正式タイトルは失念)で、安東仁兵衛《あんどうにへえ》(『現代の理論』、「じんべえ」は通称)、北小路敏《きたこうじさとし》(革共同中核派)、栗原幸雄(新日本文学会)、金杉茂雄(国鉄労働組合青年部)をゲストにシンポジウムを行った。参加者は二百人余りと記憶するが、連日の徹夜に近い準備で疲労し、司会をしながらウトウトする始末だった。

一九六七年は、明治百年を一年後に控えて制定された「建国記念日」＝二月一一日(旧紀元節)が学生運動の幕開けとなった。この祝日に駒場を始め多くの大学の学生は、学生ストライキ(同盟罷業)ではなく、同盟登校で抗議の意を示した。民青系も反民青系も呼びかけた結果、在籍者の六分の一の一〇〇〇人ほどが登校し、同調した教官の臨時授業を聴講し、学生自身の討論会を行った。

＊二月一一日の日記から

「降り続けている。しかし、登校した学生は一〇〇〇名にも上ったろう。菊地さん

〔昌典、『歴史としてのスターリン時代』を前年九月に出し、脚光を浴びていた〕の授業、百数十名が集まる。授業実施の意味、建国記念日について思うことを一時間程述べてから質問の時間。ここぞとばかり、『学問と政治の関係を自らの研究・教育生活の中でどう考えておられるか』と問い、自分の意見としては云々と若干アジテーションめいたことを云う。『階級支配は肉体労働と精神労働の分離……、現在の大学は〔権力の〕ヘゲモニー〔同意獲得〕装置として……』。時間の関係で十分な答えはもらえなかったが、『今の方の話は極めて重要』と言われて悪い気はしなかった」。

もちろん、私は『歴史としてのスターリン時代』を読んでいたが、この質問はマルクス主義をある程度勉強し、グラムシの概念も使っているので、フロントの活動家として一人前になりつつあったことを示している。

†本郷での学内外の運動

四月に本郷に、筆者の場合は法学部に進学した（第三類＝政治コース）。学生運動という点では殺風景で、正門から安田講堂に至る銀杏並木では集会は稀にしかなかった。その中で目を引いたのが、山本義隆ら院生の「ベトナム反戦会議」（六六年九月結成）である。著書『私の1960年代』に紹介されているように、「ベトナムにおける米軍の軍事行動の停止、米軍の撤退と民族自決の貫徹、日本政府の侵略協力反対」の三つを共通の立場とし、これ以外の原則を押しつけず、少数者の行動も認める点で、のちの全共闘の原型と言ってよい。

「ベトナム反戦会議」と社青同解放派、革マル派、マル戦派、フロントの学生活動家とシンパが二〇〜三〇人程度で集会、学内デモを週に一回やれば多い方だった。一つエピソードを紹介すると、医学部のブント系活動家、小西隆裕は好人物だったが、気が小さく、「学内デモしてもパクられ（検挙され）ないか」と私に尋ねたのを覚えている。七〇年三月に「よど号ハイジャック事件」で田宮高麿に次ぐサブ・リーダーだと報じられたときは仰天した。すぐに、時代が人を作るものだと思い直した。

ヴェトナム反戦運動は学内課題でもあった。当時経済学部に留学していたヴェトナム人ブー・タット・タンは在留期限が切れ、南ヴェトナムに送還されて兵役に就かされるというので起こった在留期限延長の運動である。正確に言えば、在留期限は一年前に切れ、不法滞在状態のまま南ヴェトナム留学生協会が在日大使館と交渉してきたもののラチが明かず、同協会は日本政府法務大臣の特別在留許可を求めてきた。

五月八日の日記には「ブーさんを守る会」全学連絡会議があり、「ブーさんの真剣な顔が印象に残った」と書かれている。学内で署名活動をやり、二六日には連絡会議代表が大河内一男総長に面談し、署名簿を渡して特別在留許可を出すよう法相に総長として働きかけてほしいと要望した。日記には「〔安田講堂内の〕赤じゅうたんを通って、大きな部屋に入ると心持ち緊張してしまう」と書かれている。七月二日にはアジア文化会館で「守る会」総会に出席したが、この後の記述はない。結局、特別在留許可はおりたが、大学当局と学生が協力する「牧歌的な時代」は一年も経たずに終わることになる。

六七年秋は、何と言っても佐藤首相ヴェトナム訪問阻止羽田闘争であった。前日の一〇月七日に本郷で反民青系の学内統一集会があり（六〇名参加）、私が司会をしている。

＊一〇月八日の日記から

「三派が装甲車に火をつけたり、投石をやったりしている所へ〔ヴェトナム反戦共闘が〕が五〇〇の隊列で迫ったが、待つのみ。退却戦のとき解放派の石でちょっと耳のあたりを切った位だが、先頭でもハッスルしない。山崎という京大生が死んだらしい。

…皆一様に、樺《かんば》〔美智子さん、六〇年六月一五日国会前で機動隊の重圧により死亡〕を思い起こしているだろう。……とにかく疲れた。だが活動家はつらい。闘争報告のビラを三時過ぎまでかかって作らねばならないとは」。

＊母の歌集から　かく狭き橋に逐われ一学生殺されし　夜の川はふた月血の臭いもつ

九日の日記には本郷で山崎君追悼・抗議集会が反民青系の統一集会として行われ、また私が司会をしたとある。「誰と会っても、山崎君の死因等、昨日の話でもちきり」と記されている。一三日の全都集会には東京女子大から参加者があり（一四名）、デモの際に機動隊から守るよう「エスコート」役を務めた。そして一〇・二一国際反戦デーである。

この頃はまだ「ウーマン・リブ（リベレーション＝解放）」登場以前だったが、デモにおける旧来の男女役割分担に関して意識の高い東大の女子学生から厳しい批判を浴びた。

＊一一月二日の日記から

「デモ後S、O両嬢より、N、A、Nとともに、荷物を持たそうとした事の根底にある男女差別の思想を弾劾され、かしこまっていた。両嬢とも東大女子学生の会では最も強固な『女権』論者だし、現に男性と張り合って色々やってきたのだが、日頃の不満が一挙に爆発した感ありで、二人とも相当真剣だった」（デモをするのは男性、女性は危険だから荷物を持って歩道を歩けという当時の慣習）。

一九六八年が明けると、原子力空母エンタープライズ佐世保寄港阻止闘争だった。私は学年末試験を口実に現地には行かなかったが、東京でのデモにはむろん参加した（一九日寄港で一七、一九、二〇日）。試験後の三月一二〜一六日フロント全国合宿が京都であり（立命館大学では新聞会をはじめフロントが強かったためか）、日記には場所もレクチャーも書きとめておらず、忘れてしまったが、統社同全国委員会議長の山田六左衛門が話したという朧げな記憶がある。

この頃医学部はインターン問題でストに入っており、医学部全学闘は三月二八日の卒業式を阻止する方針で、式開始のだいぶ前から安田講堂前でデモ・集会を行っていたので（私も参加）、大学当局は式を中止するに至った。高校同級のKには「今日ばかりは敵だ」と言われたが、卒業生の一人、シャンソン歌手の加藤登紀子が集会を取り巻くように見ていたのを覚えている。

2　私の読書傾向と理論的関心

†平和志向と「平和共存」論

当時の学生は『世界』と『朝日ジャーナル』が必読の月刊誌、週刊誌だった。岡村昭彦の『南ヴェトナム戦争従軍記』（岩波新書、一九六五年）も、本多勝一のルポルタージュ記事（のち『戦場の村』朝日新聞社、一九六九年）もよく読まれた。先にクラス討論資料に『世界』を用いたと書いたが、おそらく六五年春の臨時増刊号で、そこには坂本義和の論文「ヴェトナム戦争とアメリカのディレンマ」があった。坂本の説く平和論は、私にとって魅力的だった。

筆者の平和志向は、少年期の二つの出来事に根ざしている。一つは、小学四年の時だったか、学校で観に行った映画『原爆の子』（一九五二年初公開）で、原爆の恐ろしさを子供ながらにも知ったことである。いま一つは、高校二年の時、一九六二年一〇月の「キューバ危機」の体験である。もし米ソが戦争に入ったらソ連の大陸間弾道ミサイルが第七艦隊の基地横須賀に打ち込まれ、核爆弾で自分たちは確実に蒸発する、まだ大学にも入っておらずに人生これからという時に死ぬなんてと思い、恐怖に震えた。

大学入学後は、大江健三郎の『ヒロシマ・ノート』(岩波新書、一九六五年六月)を読み、深い感銘をうけた。「われわれ人類一般がこのように絶望しながらもなお屈しない被爆者たちの克己心によりかかって、自分たちの甘い良心を無傷にたもつことができたのであることも、われわれは忘れてはならないであろうと思う」の一文には私の印がつけられている。また、タイトル(おそらくサブタイトル)案に考えた一つ『われらの内なる広島』にも赤線が引いてある。

私の平和志向を政治的に表現したのが「平和共存」論である。それは元来一九五六年ソ連共産党第二〇回大会で、帝国主義と社会主義との対立が不可避的に戦争をもたらすものではなく、共存できるし、社会主義は平和的な競争で帝国主義に勝利できるとするものだった。しかし、民族解放闘争・戦争を重視する中国共産党がアメリカ帝国主義に対する屈服だと主張し始め、キューバ危機を経て、中ソ間の公然たる論争のテーマの一つになった(もう一つは「平和革命」論)。日本の構造改革派の事実上の理論誌『現代の理論』創刊号

坂本ゼミ合宿（68年9月、前列左から3人目が坂本義和教授、後列一番右が筆者）

（第二次、一九六四年二月）は、「人類は戦争を駆逐しつつあるか」を特集とした。

同誌は、六五年五月号で学生運動特集を組み、八月号で「ベトナム戦争と平和運動」を特集した。一二月号「平和共存と革命」特集には、安東仁兵衛が「体制間共存論を超えるために」を執筆した。「平和共存」＝「体制間共存」＝米ソ共存の等置を批判し、国家間（資本主義国間、資本主義国・社会主義国間、社会主義国間）の平和共存を主張したもので、そこには坂本の強い影響が見られ、中ソ論争への懸念を意識している。やや遅れて六七年五月に刊行された坂本の論文集『核時代の国際政治』を読んで、四年次に坂本演習（ゼミ）を選んだのは、当然の成り行きであった。

†『現代の理論』と社会主義への関心

私はフロントの理論的指南書でもあった『現代の理論』を愛読した。同誌は安東を事実上の編集長とし、井汲卓一《いくみたくいち》、今井則義、長洲一二《ながすかずじ》、杉田正夫（力石定一《ちからいし》）、富塚文太郎、森田桐郎らの経済学者を中心に、イタリア共産党研究の山崎春成、藤沢道郎、日本史の沖浦和光《かずてる》、飛鳥井《あすかい》雅道、哲学の中岡哲郎、原水禁国民会議の池山重朗など多彩な人材に支えられていた。安東が、第一次全学連以来築いてきた人脈を生かして、日高六郎や坂本などの革新的知識人に書いてもらったことも大きい。

同誌は、社会主義への関心の糸口でもあった。菊地昌典の『歴史としてのスターリン時代』を六六年九月の刊行後まもなく読んだことはすでに触れた。六六年五月に開始された中国「プロレタリア文化大革命」は、日本の左翼を揺るがせた。『現代の理論』でも、ソ連官僚主義と中国党・国家指導部に対する紅衛兵ら大衆の批判に意義を見出す安東と、佐藤昇らの否定的な評価とに分かれた。文革評価と中ソ論争評価は表裏一体だったが、マルクス及びレーニンの共産主義への移行に関するテーゼの解釈論争の性格が強かった。

それに飽き足りない私にとって、溪内謙《たにうちゆずる》の「歴史としての中ソ論争」（一九六四年一〇月号）は目の覚めるような論文だった。教義論争の不毛を指摘し、また、いたずらにソ連型・中国型に類型化するよりは、共産党支配と国有計画経済を共通点とした上で、歴史的段階に応じた相違と捉えるべきだというのである。菊地の著書は資料の制約もあって、スターリン独裁成立の歴史的説明が不十分だったのに対して、また彼が中国文革支持に傾斜したこともあって、私は溪内の『ソビエト政治史』（一九六二年）に惹かれていった。新左翼の観念的で、せいぜいトロツキーを引用するにすぎない「反スターリン主義」に対して、歴史実証分析が不可欠だと考え、研究者の道を考え始めたのである。

理論的関心は以上に尽きるものではない。日本帝国主義「自立」論は、対米従属を強調して民族・民主革命から社会主義革命への「二段階革命論」をとる日本共産党から分離した経緯からも重要であった。また、「敵の出方」論をとる共産党に対して、国家独占資本主義＝「社会主義の控えの間」認識（レーニン）に立って、議会多数派による反独占構造改革を進めるという「平和革命」論も重要だった。そのために、一九六一年日本共産党第八回大会に先立つ党内論争を調べ、『現代マルクス主義』（三巻本、五八年）や第一次『現代の理論』（五九年）を学習した（『現マル』不破哲三論文「社会主義への民主主義的な道」にも共感した）。あるいは遡って、戦前からの講座派と労農派との日本資本主義論争も勉強した。

†近代政治学とマルクス主義国家論

もう一つの関心の対象は、近代政治学とマルクス主義国家論であった。マルクス主義国家論は、国家の階級性を支配的な生産様式とその変化から説明するもので、マクロ的な歴史解釈としては意味があった。日本では右の日本資本主義論争と不可分であり、戦前の天皇制を絶対主義国家と見るか（三二年テーゼ、講座派）、ブルジョア的君主制とみるか（労農派）、はたまたファシズムと見るかは、六〇年代でも歴史学界の重要テーマだった。

しかし、丸山眞男の「超国家主義の論理と心理」を読んで、私は近代政治学の優位性を認めざるを得なかった（同論文を含む『現代政治の思想と行動』の刊行は六四年）。いわゆる丸山学派の学者たち（藤田省三、石田雄、松本三之介ら）の著作は一通り目を通した。近代政治学に惹かれた最初の書物が、駒場で講義した篠原一《はじめ》の『ドイツ革命史序説――革命におけるエリートと大衆』（一九五六年）だったことも付言しておきたい。マルクス主義の階級闘争論によるドイツ革命失敗の説明には、不満足だったからである。

それでも、私はマルクス主義国家論への関心を失ったわけではなく、グラムシ理論にも惹かれた。グラムシ選集（六四年五巻完結）は、工場評議会運動を指導し、ファシズムと獄中でも闘い続けた彼の叡智の結晶だった。『現代の理論』六六年一～八月号には、藤沢道郎「アントニオ・グラムシの思想」が連載された。グラムシの国家―市民社会論は、ロシア革命のような電撃的な権力奪取（運動戦）によっては実現できない先進国の革命（陣地戦）を基礎づけるものだったが、階級支配は国家の暴力によるだけではなく、支配階級の市民社会の諸装置を介したヘゲモニー（同意獲得）によるものでもあることを示した国家論に他ならない。

†理論志向と知的ヘゲモニー

よくフロントは「理屈っぽい」と言われたが、『現代の理論』が事実上の理論誌だったことが「理論志向」を育み、学生活動家は一般学生に対する「知的ヘゲモニー」を要求されたからである。しかし、「理屈っぽい」のはフロントだけではなかった。大学闘争までは、一般社会では大学と教授の知的権威は高く、学生は講義と読書によって知識を獲得するものだという共通了解があり、学生活動家も理論に強いことが求められた。

だから私は、折原浩の講義（R・ベンディクス、折原訳『マックス・ウェーバー』一九六五年）に触発されてウェーバーの著作、大塚久雄をはじめとする日本のウェーバリアンの著作を読んだ。ウェーバーの宗教社会学はマルクスの政治経済学を補完するものと、日本の先達と同じように理解したからである。また、当時の日本の高度成長を反映した「大衆社会」論は、マルクスの階級社会論では解けない問題を考えるのに不可欠だった。「大衆社会における疎外」は当時の学生の問題関心の一つで、折原と同じ駒場の若手、見田宗介の著作を読んだ（『現代日本の精神構造』一九六五年）。

本郷三年時には、三谷太一郎のゼミを選択した。『日本政党政治の形成』（一九六七年）を刊行したばかりで、彼の最初のゼミだった。「日本の社会主義」というテーマだったので、政治学科の学生活動家が集まった。民青のK、マル戦のK、解放派のI、革マルのI、そしてフロントのNと私、何と一四名中六人までが活動家で、先生は「後で知って驚いた」と東大退職時のゼミ同期会で述懐している。このうち両Kと無党派のM、そして私の四人が学者になった。学生活動家はデモばかりしていたわけでもなければ、マルクス、レーニンだけを読んでいたわけでもない、学問に敬意を払っていた最後の時期だったのである。

先に一九六五年頃は学生運動のボトムだと記したが、政治学・経済学・社会学など学問の諸分野で、先にも一部紹介したような優れた著作が生まれた。六六年に実存主義の大物サルトルがボーヴォワールとともに来日し、吉本隆明が『共同幻想論』で左翼論壇に登場した。文学では、柴田翔《しよう》が『されどわれらが日々――』(一九六四年)、高橋和巳が『憂鬱なる党派』(一九六五年)を書いて話題となり、大島渚《なぎさ》の映画『日本の夜と霧』(一九六〇年)とともに学生の日本共産党に対する否定的な印象を強めた。知的には生産的で、活発な議論があった魅力的な時期だったのである。

3 反戦キリスト者からマルクス主義へ

†反戦の投稿

私は一九四五年(九月、疎開先の福島)生まれ、東大入学以前はノンポリ(非政治的な)生徒だった。六〇年安保闘争は中学三年の時だが、神奈川県の栄光学園というミッション・スクールに在籍していたこともあり、東京の中三なら一部が経験したであろうデモにも参加しなかった。それどころか、中二の時にカトリックに入信していた。

その私が東大入学後に、ヴェトナム反戦運動に人道的な動機から参加したことはすでに述べた。私は一九六五年九月に『カトリック新聞』に投書し、元海軍少佐の某氏が「赤の恐怖」を振りかざしてアメリカの軍事介入、南ヴェトナム傀儡政権を擁護することに反論した。

「八・一五の二十年を迎え、絶対非戦を誓い、憲法によって国是としたことに思いを致せば『自由を共産主義から守るための』戦争、いな全ての『……のための戦争』が許されないことは、その戦争が人類絶滅をもたらすことを思い合せて明白である。今こそ署名その他で国民的なベトナム戦争反対の声を結集して政府を動かし、話し合いによる解決をもたらすべきだろう。そしてカトリック信者も『赤の恐怖』に惑わされず問題の本質を見きわめ、それに参加するのにやぶさかであってはならないだろう」。

投稿したのは八月一八日だが、一週間後に(投稿を取り下げろとでも言うつもりだったのか)栄光のB神父(司祭、高校の時の英語の教師)に呼ばれ、ヴェトナム問題で「大議論」になった、彼ら神父の反共主義、体制肯定は「お話にならぬ」と日記に書いている。実はこの頃、二歳下の弟の問題で栄光とカトリック教会に対する不信が生まれていた。

†弟の病気

弟はカトリックの信仰に熱心なあまり高二の頃（私の浪人中）司祭になりたいと言いだし、勉強も手につかなくなり、成績も下がって栄光の先生方に疎まれるようになった。栄光はイエズス会経営の学校で、数年に一度は同系の上智大学経由で司祭になる者もいたのだが、私立でも有数の進学校なので、「厄介者」扱いされているうちに、弟は不登校になってしまった。しだいに精神を病み、母はその世話に追われる毎日となった。

父は、職業軍人（技術将校で鋼材の研究をしていたので戦地に行かず）だったため、敗戦直後「公職追放」にあい、母は保険の外交員（「日生のおばさん」）をして家計を助けた。父はN社に職を得て鋼材の「非破壊検査」（X線による検査）をしていたが、軽度の放射線障害に罹った。このため母は被爆者に関心をもち、永井隆（長崎で被爆したカトリック信徒の医者）の『この子を残して』を読んでいた。父は典型的な「会社人間」で、日韓闘争のときに母が詠んだ短歌にある「資本家の犬」という私の罵倒は酷だったが、当時の学生活動家は必ず家族の反対に遭い、それは「家族帝国主義」と呼ばれて克服の対象だったのである。

母は自身も熱心なカトリック信者だったが、栄光の悪口は言わなかった。ところが、母はあるとき（時点は失念）N神父が弟は「キチガイ」だと言ったと私に告げ、口惜し涙を見せた。私は、これが聖職者かと深く失望した。聖書は、イエスが「売春婦」や癩病《らいびょう》（今日ではハンセン氏病）患者など、貧しき者、弱き者に接する姿を描いているではないか、と。現実の教会（私の場合は金沢文庫教会）も、信徒が「小市民的な幸福」に甘んじているようで、だんだんと足が遠のいていった。

私はしだいにマルクス主義に接近し、矢内原忠雄の『マルクス主義とキリスト教』も読んだ。マルクス主義哲学には必ずしも満足できなかった。マルクスの「フォイエルバッハ・テーゼ」やレーニンの反映論的認識論はあまりに粗雑に思えた。こうして、西欧マルクス主義の中に機械論的でない、主体的で人間的な要素を見出そうとして、アンリ・ルフェーブルやアダム・シャフ等の著作を読んだ。

シャフの著作『人間の哲学――マルクス主義と実存主義』（一九六四年）は、むろんサルトルの実存主義を批判したもので、シャフはれっきとしたポーランド統一労働者党（共産党）員である。しかし、ポーランドのようなカトリックの強い国では、「階級の実践」は「個人の実存的投企」と不可分なはずだと私は読み込んだのである。

他方で弟の病気は進行し、六六年一二月ついにシューブ（精神医療の用語で「あらし」、つまり自傷行為や周辺への暴力に訴えること）に至った。一時的に収まったが、六八年一月に再発した。一〇月には、母の友人島成郎さん（元ブント書記長で精神科医）のツテで、国立武蔵療養所に預けた（三年間）。この間の母の苦しみが極限に達したことは、以下三首の短歌に見ることができる。

・わが神は居り給わずや　ガラス衝き血まみれし青年を睡《ねむ》らす長き日
・精神病院に預けくずおれてしまいたき　シューブを看とる母の火を焚け！
・病む令息を忘れじとへつらいし校長神父　巡る四旬節にまた赦すべき
（註：「四旬節」＝復活祭の前四〇日間、断食や懺悔を行う期間）

私は、神の存在については証明できないという不可知論の立場をとりつつ、つまりは唯物論に徹することなく、労働と階級闘争を「人間の主体的営為」として肯定する限りでマルクス主義者になったと言える。一九六八年一月には、その境地に達したようである。母は、弟の世話に当たりながら、私の成長過程を不安げに見つめていた。

・汝が弟の心看るのみの年また年　本積みて思想の旗手となりいし
（六七年一〇・八羽田闘争）

・学びつつ活動する肩の厚み増しぬ　心病む弟の翳《かげ》負いながら
（六八年四・二八沖縄闘争）

第三章

ノンセクト・ラディカリズム論
——共感と批判を込めて

投石でわたり合う日共系学生（手前）と反日共系学生（向こう側）。
1968年12月24日、東大本郷（共同通信社）

†はじめに

思えば、東大闘争はあまりにも重かった。よく一九六〇年と六九〜七〇年を対比して、もはや安中派〔六〇年安保闘争を経験した世代〕の如き挫折感は微塵もなく、全共闘世代はたくましく生きているという議論が聞かれるが、これは皮相な俗論であろう。同じ俗論でも、我々には彼らのような「還るべき所」がないという方がよほど真実味がある。実際「砦の死守」で終生癒すことのできない傷を負った学友が多数いる。また、人知れず命を絶った学友も何人かいる。そして「私は元全共闘です」と自嘲と諦念をこめて言う学友に何人出会ったことだろう。

今まで多くの総括めいたものが出されたが、学園闘争論などと抽象された次元であればあるだけ、いわば論理外のこの重みがこぼれ落ちてしまうのを感じないわけにはいかなかった。むしろ「獄中書簡集」のような大上段にかまえない雑感の類に、リアルなものを見いだしたのである。にもかかわらず、私は一つの総括を試みたい。もとより東大闘争の歴史的評価には、なお長い歳月が必要であろう。だが私は、六九年二月から一二月いっぱいまで、鈴木優一氏や長尾久氏とともに全共闘事務局会議をリードした者として、〈書かれざる歴史〉を、しかも東大闘争と全共闘の様々な〈神話化〉に抗して書きたいという、殆んど衝動にも似たものを感じてきた。

私にとって東大闘争とは、幸か不幸か六九年一月九日の逮捕によって、また恐らくはそれまでの没主体的関わりの故にも、参加できなかった「安田講堂死守」でも「八本《はちはん》〈駒場共闘が立て籠もった第八本館〉コンミューン」でもなく、六九年五月五日の卒業試験ボイコット宣言であった。この「宣言」のモチーフは、一つは〈理論と実践〉、もう一つは〈党派とノンセクト〉の問題に関わっていた。それ故「宣言」は、わが派がノンセクト・ラディカリズムに乗り越えられ、党派性を解体させられたにもかかわらず、私がなお党派にとどまり、再建の道を選んで今日に至っていることの、思想的〈原点〉として確認できるものである。

言うまでもなく六九・五・五宣言は、現在からすれば様々な限界を有している。その論理の基本的枠組は、いわば「ウェーバリアン左派」+「主体性」論であった。より正確に言えば、卒業試験に対する抜き差しならぬ選択を迫られる中で、しかも従来の判断枠組たる構革論の破産を感じ取っていたとすれば、依拠できるのはノンセクト・ラディカリズムの「自己否定」論を核心とする〈主体の論理〉であり、「八・一〇告示」以来深い関心を寄せていた折原氏の「主体の論理と倫理」であった。そして「自己否定」論の重みを初めて受けとめるとともに、その観念界での空転という傾向に対して〈政治〉（目的合理性）と〈思想〉（価値合理性）の緊張関係という視座を構成して解決の次元を設定し、もって選択の論理を導いたということである。

それは〈政治〉なきノンセクト・ラディカリズム（選択における「自己否定」の恣意的強調、また裏返しとしての恣意的放棄――試験への屈服）と、〈思想〉なき構革論への実践的批判を意図するもので、その意味で当時の私がとりえた唯一の論理であった。そして少なくともあの時点で、ノンセクト諸君からも民青系諸君からも、何一つ反論ないし批判が提起されなかったことも事実である。しかし、私はそこに留まることはできない。

1　ノンセクト・ラディカリズムの政治観

†様々な傾向

最初に確認しておかねばならないことは、疑いもなく東大闘争の主役であったノンセクト・ラディカルにも、離合集散の過程と様々な傾向があったということである。

離合集散については、ほぼ次のように言えるだろう。結集過程は、六八年七月本部封鎖から九〜一〇月医局研究室封鎖までで、その思想的支柱は都市工学大学院闘争委員会の「研究者にとって東大闘争とは」に端的に示されている。次いで「主流派」の時期は、一一・二二を端緒とし、六九年一・一八〜一九を経て二〜三月の教官追及・再封鎖・授業粉砕闘争までで、その象徴的事態が院生の全学闘争連合の武装であり、「八本コンミューン」であった。ノンセクト・ラディカリズムが全面開花したのはこの時期である。そして分散過程が「政治の季節」としての四・二八（沖縄デー）、六・一五（安保闘争記念日）、九・五（全国全共闘連合結成大会）、一〇〜一一月安保闘争で、学内的には五月試験粉砕闘争から一〇月文学部バリケード解除までであった。

様々な傾向については、それこそ最首悟《さいしゆさとる》氏のいわゆる「雑炊集団」故の類型化の困難はあれ、敢えて次のように図式化してみる。第一は、山本義隆氏—理系闘争委—全闘連（主力は理系と工系）のグループであり、第二は、加納明弘君—LⅢ闘（文科三類闘争委員会）—駒場共闘のグループである。この両者は、右の「主流派」期の、そのまた「主役」であり、従って第三期にも重要な役割を果たした。このほか、全過程を通じての重要グループとして青医連─医共闘（医学部共闘会議）があるが、関西ブント─医学連（全日本医学生自治会連合）ブントのイデオロギーが支配的なため、典型的なノンセクト・ラディカルとは言い難いので一応除外しておくこととする。さらに、第三期にはM君─粉砕カリキュラム委員会、T君及びK君─SⅡⅢ闘（理科二・三類闘争委員会）─シンポ（「闘争と学問」なる自主講座）&焚祭（五月一三日に三島由紀夫との討論集会実施）派、O氏─人文系闘争委─文共闘（文学部共闘会議）などのグループがある。

そして、この第一と第二のグループをノンセクト・ラディカルの典型としてとりあげる場合、両者の類型的差異もふまえておかねばならない。一つは、東大の研究・教育体制にどれだけビルト・インされているかという客観的位置の問題であって、「自己否定」の捉え方の差として現れてくる。他は、安保ブント─大管法（六二年の大学管理法案阻止闘争）─（一〇・八以前の）ヴェトナム反戦運動に関わってきたか否かという「世代」の違いの問題であって、党派に対する態度を異にしてくる（なお、加納君は駒場だが、彼は私と同様日韓闘争から学生運動に入っている）。

その上で次のようなシェーマを描き、問題の核心に迫る方法とした。すなわち、第一の部分をノンセクト・ラディカルの最良の部分（影響力も最大）とすれば、第二のグループは（政治的）退化態であって、両者の共通項が「造反教官」折原氏の論理（パーリア・インテリゲンツィヤなる自己規定〔ウェーバーの「賤民資本主義」の転用〕）、媒介項が助手の最首氏の心情（プチブルとしての自己の否定の徹底化）であった。私の問題意識からも、責任を負える時期からも、この第二のグループを中心に、第一のグループその他を系として論を進めることとする。

†「自己否定」――その観念的形態

一九六九年四月授業再開攻勢に全共闘が後退を強いられていたとき、山本氏は「自己否定」の形而上化の危険を指摘して言った、「だが、恐るべきは権力に守られて進む『正常化』である。そこでは権力との関係も日常化する。そして思想を風化させる魔力をもつ」と（『知性の叛乱』「あとがきに代えて」）。助手の塩川喜信氏は早くも二月に鋭く指摘していた。曰く「開放的論理体系の中での自己否定＝自己創造の方向性が見失われた場合には、主体と客体の緊張関係は全て内面化されて、個としての主体確立に埋没して不毛な主体性論化するか、『挫折感』におおわれ、あるいは逆転して『単純ゲバルト主義』的頽廃を生み出すであろう」(『情況』六九年三月臨時増刊号)。

時あたかも全共闘代表者会議では「破壊」論争が行われていた。再封鎖の際に研究棟の内部まで破壊するかという論争である。そのとき「破壊」派の急先鋒だったのが加納君である〔中核派を離れて小野田讓二の「遠くまで行くんだ」グループに属していた〕。彼は端的に「破壊は我々の思想性の表現だ」と言い放った。これに対して我々は「思想性の表現では今後の展望を拓く政治方針たりえない」として反対した。さらに私個人について言えば、議論の都合上、また十分確信していなかったため提起するのはさし控えたが、加納君を支持した確か柏崎さん〔千恵子、駒場の院生でドイツの女性革命家ローザ・ルクセンブルクの研究者だったため「ゲバルト・ローザ」の渾名をつけられていた。当時ML派〕に対し「破壊イコール全人民への解放は空論であるばかりか、そういう形での学問の階級性の理解は、スターリニストの利用主義とさして変わらない」という反論も用意していた。

ともあれ、加納君の「自己否定」論は、「『東京大学』とハンコが押してある学生証一枚を持っていることによって、見えてくるある種の将来的なものに対して、イヤだということだ」(『知性の叛乱』「六八〜六九年越冬宣言」)と端的に表現され、かかる「自己否定」の直接行動的表現が、文字通りの破壊としての「東大解体」であった。

た。それはかの「研究者として東大闘争とは」のガイスト〈精神〉とは明らかに異なってい駒場共闘の場合「自己否定」とは、かかるガイストに導かれながらも、学問の階級性、研究者のあり方を問うことはいきおい抽象的たらざるをえなかったから〈一年生は入学二カ月余りでスト突入、講義もほとんど受けていない〉、むしろ「人間として」というモチーフが前面に出てきたと言えよう。だからこそ「自己否定」の外的表現としてのバリケードも、既存の研究体制に対する奪権―自主管理というより、「人間解放」のそれであり、「八本コンミューン」なのであった。従ってまた、バリケードなき「自己否定」は、いったんロマン化されただけにいっそう観念的にならざるをえなかったのである。

†「秩序」「情況」――政治的言語の拒絶

ところで右の「破壊」論争は実は、三月七日に出された中教審答申＝政府の大学政策と「一〇項目確認書」に基づく加藤「自主改革」路線との関係をどう捉えるのか、いかなる方針で闘うのかという論争を背景にしていた。

ノンセクト・ラディカルは、加藤路線が答申を先取り実体化したものであることのみを一面的に強調し、両者を一体視して「帝国主義大学秩序」とまとめ上げ、方針としては

「対政府闘争カンパニアへの流し込み反対」と称して、〔大学当局〕追及・再封鎖に一面化したのである。そして四・二八〔沖縄〕闘争が大衆的に問題意識にのぼるようになると、東大闘争は「ブルジョア社会秩序総体との闘い」〔理系闘争委「東大闘争中間総括」『進撃』第九号〕などと言い始めた。彼らの決定的誤りは、「ブルジョア社会総体への対決」が主体において意識されていることをもって直ちに、つまり闘争の客観的構造としてそうなっているか否かを捨象して、かかる「対決」が実現されているとするところにあった。

かくして「思想性」だけが独り歩きし、授業粉砕や試験粉砕に過大な意味付与がなされ、逆にそれだけ闘争主体の内的解体・分解を促進する結果となった。また他方で、M君らの「粉砕カリ委」〔DIC Distruction is Construction「破壊は建設である」が合言葉〕が、かかる抽象性を批判し、折原氏の問題提起にも触発されて、単位認定権、成績評価権などの「教官権限剝奪闘争」を提起し、東京地区解放大学としてのちに純化していったのも、ある意味で当然であった。四・二八闘争が東大全共闘にあっては、三一番教室〔主として法学部の講義が行われた教室〕の授業をデモで粉砕してから街頭に進出する形態をとったということは、いわば「街頭闘争派」と「学内闘争派」の分解が「秩序との対決」論で擬似的に阻止されていたことを意味する。

確かに「秩序」とか「情況」とかの概念＝認識装置は、世界情勢から説き起こす「情勢分析的思考」〔新旧左翼の伝統〕に対して、主体的に事態を把握するのを助けた。しかし、それ自体無規定でムード的に語られるが故に、とりわけバリケードとそれに表現された当局との緊張関係が失われるや、むしろ事態の把握と課題の設定を曖昧にしていかざるをえなかった。そればかりか、世界をあれかこれかの極めて単純なシェーマで切ってしまうことにもなる。加納君は言う、「東大は東大である限り悪である。ぼくらは東大生であることを続ける限り悪からのがれられない。そういうところで、ぼくらは東大解体といわざるをえない」（『知性の叛乱』同前）と。

とりわけ重要なことは、「秩序」や「情況」が政治闘争や事柄の政治的意味といった《政治》をしめ出していることである。ここから、事柄を主体的に考えるということが、抽象的な《政治》を排して可視的・即物的な〈日常性〉〈生活〉のみを問題にすることにスリかえられ、やがて情念の世界に埋没するようになるのは見やすい道理である。

†「八本コンミューン」――政治のロマン化

まさに「八本コンミューン」こそ、かかる《政治》の否定に強烈なモチーフを与え、その最大の契機となったと言わねばならない。42LⅢ7D〔昭和42年入学文科三類7組フランス語クラス、今村教養自治会委員長の出身クラス〕によれば、こうである。「一月への予感が何となく漂う中で行われた八本内の討議」は、「もしかすると記憶の中である程度脚色され演出された瞬間なのかも知れないのだ」という留保つきで「政治が人間関係として打ち樹てられたような特権的な瞬間だった」とされる。また「『八本バリケード共同体』への誘い」なるビラによれば、バリケードには「外側における冷酷、無慈悲」と「内側における楽しさ」があり、「僕ら自身の自由の回復と人間性の奪還を質的内容とした結束」に支えられた「内側における楽しさ」によって「各人は皆『闘争が自分のものになった』と感じている」。少々長いが、引用を続けると、

とにかく自由だ、生き生きとしている。生命が躍動している。何よりも僕らが僕ら自身でありうる。しかも規律は保たれている。様々な思想と性癖を持った人間たちが雑居している。助手、院生、職員、学生……あらゆる階層がいる。詩人もいれば、漫画家もいる。哲学者もいれば、考えることを永久に停止したいと日夜考えている奴もいる。この雑居群が、闘争の一点において集約されている。（中略）顔も名も知らぬ

男が、夜中突然部屋に入ってきて、そこにあるコーヒーを黙ってのむ。のんでから、「ところで明日の集会はどんなイメージになるのかなあ」と急にきり出す。自然に、見知らぬ者と見知らぬ者との「討論会」が始まる。討論が一段落すると、彼は礼も言わずに去っていく。

八本は、安田講堂の闘争本部的、従ってまた多少とも政治的な雰囲気をもたず、民青包囲下の駒場共闘唯一の結集場所として文字通り生活の場となっていた。その安中派などからみれば異常とも思える「明るさ」は、あの一二・一三「代議員大会」〔民青・秩序派がスト解除のために開催しようとした〕粉砕闘争で、教官とも、クラスの約半数の学友とも暴力的な形で最後的な訣別を告げねばならなかった「自己否定」の徹底の上で初めて可能だったと思う。例えば「救対〔警察に逮捕された学生のための救援対策部〕日記」の終始一貫した「明るい」トーンに対して「中田伸枝」名の一文にみられる内向きで繊細な心情は、決して不協和音をなしてはいない。それは「成人式」〔バリケード内で一月一五日に行われた〕の様子に最もよくみてとることができる。

バリケードの外側は「既成秩序」と一括され、しかもそこに過去と未来の一切の自己における「秩序的なるもの」が投影される。すべての者が「中田伸枝」のように、己れの生活史を問い、「ここがロードス島だ〔ここで跳べ!〕」と己れに言い聞かせる。残された最後の言葉、それが「人間解放」である。かくして《政治》は極小化され、ロマン化されざるをえない。このことは「T生」の手になる次の詩に見事に表現されている。

——色つきガラスのバリケェドの中で
非常なる詩的な政治が始まる
冷えきった肉体にすみつく夢は
熱い紅茶に溶かされてしまう
見てごらん
煮えたぎった熱湯の中に
蓋のない薬罐の中に
とびこんでしまった政治を
冷えきった肉体にすみつく夢は
国家をつくる

温く温くした肉体にすみつく夢も
国家をつくる
だが沈黙した言語はそれを壊す
今日も聞く
〈バリケェドの中の正月を
信じていいのだろうか〉
(一月一日)

(以上、引用は全て『屈辱の埋葬』)

†無党派主義もしくは反党派主義

かような政治観からいかなる組織観が帰結したか、もはや明白である。あるいは無党派主義もしくは反党派主義から右のような政治観が導かれたとも言えよう。実際駒場共闘にとって一二・一三「代議員大会」粉砕闘争と、一二月上旬社青同解放派・革マル派の「内ゲバ」は表裏一体のもので、両者が相乗されて「八本コンミューン」を生み出したとすれば、かような政治観と組織観は相即だったのである。ここでも、否ここでこそ、山本氏らと加納君ら、そして最首氏の位置関係は明確になってくる。

山本氏は、革命運動における党派の必要性、いや不可欠性を前提として「党派の否定的現実と党派人間の危険」といった問題の立て方をする。東大闘争で党派が大衆に乗り越えられたこと、及び「東大闘争に賭けていない」が故の「正常化」時の脆さを指している。

また、塩川喜信氏はこう言う。「彼〔フランス五月闘争の指導者D・コーンバンディ。国籍はドイツ人でコーン・ベンディト〕がロシア革命におけるボリシェヴィキ党の役割を否定的に捉えつつ、『決して党は勤労者の解放に奉仕できない』と断定する時、私は、革命運動における前衛党の問題について明確な主体的立場を欠いた儘《まま》で『脱セクト』としてある自分を弾劾せざるをえないのである」（『情況』六九年三月）と。

かかる半党派かつ汎党派とも言うべき立場に対し、明確な反党派の立場がある。加納君は、最首氏の「そんなふうに党―人民というふうに現在の社会が描かれるかどうか」を受けて言う、「そういう発想の破産を東大闘争は示していると断言していい」（『知性の叛乱』同前）と。そして他ならぬ最首氏こそ、おそらく本人の意図を超えたところで、反党派主義の旗手であった。氏は、吉本隆明流の「知識人―大衆」の枠組みで東大闘争を捉え、党的機能に否定的見解を示しながら「野盗集団」としての全共闘を提起したのである（『情況』同前)。

かかる野盗集団を文字通り実行に移そうとしたのが、先述のTであろう。「東大闘争があって、四・二八があって、一〇・二一〔国際反戦デー〕があって、佐藤訪米阻止闘争があって、再び四・二八があって、そしてそのたびごとに『総括しきって前進を!』テヤンデフザケルナ(中略)東大闘争の総括なんていらない。ついでに、展望も方針もない。ひたすら、むこうみずな挑発を、先制奇襲攻撃のようにくりかえしていこう」「ともかくぼくらは余計な名前、レッテルを持っている。えたいの知れない人間になろう。学生さんでも、労働者、(中略)でもなく、……一ヶ所に定住して自分にベッタリとレッテルをはると、どうも敵の思う壺のような気がする。攻撃性のある言葉、それは生々しい具体的な生活の一コマにおいてしか発せられない。少なくともぼくには、抽象化、理念化するとふやけちまう。一週間たつと歴史になっちまう」「展望とか、方針とか、指導性なんかじゃない。生き生きと自分の闘いを現在形で語れる奴が前衛だ」(『情況』七〇年六月)。

かような「野盗集団」もまた「八本コンミューン」のアナーキーな気分を、バリケードを境にする鋭い緊張関係が喪失してからも存続せしめようとしたものとみることができる。そこには別にアナーキズムの理論や哲学があるわけではなく、新左翼もエスタブリッシュメント〔既成の制度〕として拒絶する志向がライト・モチーフであると言ってよい。山本氏や塩川氏の場合「党派の否定的現実」として、いわば新左翼にも「しのびよるスターリン主義」(官僚主義、大衆操作などとして理解される)を見るのに対して、駒場共闘ノンセクト・ラディカルは違う。

党派はすべてスタ〔スターリン主義〕、果ては党派イコール悪などと無限定に拡大されてしまう。その際批判の視点はここでも「人間解放」であり、党派人間における組織至上主義的な思考や倫理主義的＝禁欲的な生活態度〔レーニン組織論を否定し「感性の解放」を唱えた社青同解放派は例外か〕が何よりも批判の的となり、「なんだ代々木〔日本共産党〕と変わらないじゃないか」ということになる。

†政治の極小化・ロマン化

私は、42LⅢ7Dの次の指摘にある意味でうなずきつつ、やはり批判を加えたいと思う。すなわち「一・一八～一九闘争の後、全共闘における政治性の欠如という形で語られた問題は、じつは、既存の〈政治〉概念に対する告発が既存の〈政治〉概念の中で葬り去られて行くその好例だった」という指摘である(『屈辱の埋葬』)。この「既存の〈政治〉概念に対する告発」がいかになされたかと言えば、政治の醜悪さ（ブルジョア政治、教授会政治、民青政治、新左翼の党派政治！）に対して〈人間〉を対置したにすぎなかったのではなかろうか。具体的な諸関係をなす《政治》をば、「秩序」なるスタティックな枠に押し込め、あるいは〈情況〉なる一見主体的なようで実は無規定の時空に解き放ったとき、残されたのは人間一般でしかない。

そしていったんかかる一般者の位置に立つと、もはや《政治》は見えなくなるか、せいぜいエピソードとサロン的認識の対象におとしめられる。「見てごらん、煮えたぎった熱湯の中に、蓋のない薬罐の中に、とびこんでしまった政治を」の一節こそ、彼らの政治観のプロトタイプ〔原型〕をあざやかに示している。それはちょうど、民青の法則の名による《政治》の物神化とは正反対に、情況の名による《政治》の極小化、または人間の名による《政治》のロマン化と言わねばならない。

2 日共・民青の「ラディカリズム批判」の批判

†日共・民青による全共闘批判の基本的論点

さて日本共産党・民青系諸君の全共闘批判の論理はいかなるものか、その政治観に即してみていこう。

彼らの全共闘批判のうち最も体系的と思われるのが、より哲学的な岩崎允胤《ちかつぐ》『非合理主義と「新左翼」』を別とすれば、芝田進午編『現代日本のラディカリズム』(青木書店、一九七〇年一月)であろう。体系的だというのは、彼らの綱領的立場に基づき、「マルクス主義と小ブルジョア急進主義の原則上の区別」に立って(芝田)、「小ブルジョア急進主義の最も典型的な表現」としての全共闘の発生契機を「『主体性』論とラディカリズム」(福田、北村、村上)、「スチューデント・パワー論考」(榊)によって明らかにしつつ「『反共セクト軍団』にも拘らず、トロツキズムとは相対的に区別される」として「『全共闘』イデオロギーの破産」（藤田）を暴露しようとするからに他ならない。

その意味では東大民青のビラ、パンフレットの類は、例の「革命的四項目」なる「極左的偏向」（六八年一〇月党中央による介入と直轄化で是正）があったことを除けば、ほぼこの論理に包摂されるものとみてよいから、特に検討しない。ただ民青東大全学委員会編『嵐の中に育つ我等――東大闘争の記録』（日本青年出版社、一九六九年五月）中の「第二部 民主化闘争の群像」は、我々が活動の現場では必ずしも知りえなかった民青諸君の闘争観、組織観、生活観（川上徹「あとがき」によれば「闘争の中で人間の変る姿、成長する美しい姿」）を伝えているので、これを参照することとする。

まず彼らの全共闘批判の基本的論点は、①運動における「民主主義の否定」、組織における「ブルジョア組織論」であり、②思想的には「反共主義」であり、③結局のところ「暴力主義」「テロリズム」であるというところにある。そして批判の核心として押し出しているのは、「自己否定論」に対しては「階級闘争の一形態」たる「労働と民主主義の論理」、「大学解体」論に対しては「科学と資本主義的生産関係の矛盾」「大学における階級的矛盾」の正しい把握、なのである。

†「自己否定」論批判

第一に、「自己否定」論に対置するのは「自己変革」論である。曰く「資本主義によってもたらされる個人主義的『自己』の否定、にもかかわらず集団主義的『自己』の肯定と発展、すなわち弁証法的止揚」「階級闘争と革命に参加することをつうじて、民主主義(集団主義)の規律と団結を発展させること、民主主義をつうじて個性を発揮すること」。

ここでは、個人主義―集団主義の二項対立や、民主主義を政治形態と切り離して何かしら理想的な組織原理にまで高めてしまっていることは措くとしても、弁証法の曲解――対立物の相互浸透の契機を捨象した「二面性」(振り分け)論への歪曲と、経済主義的な階級形成論を指摘しておかねばならない。

すなわち、資本制社会の物象化作用は「集団主義的『自己』」を絶えず「個人主義的『自己』」に溶解せんとするのであって(相互浸透)、「集団主義的『自己』」の形成は労働一般ではなく、政治闘争のみによって可能であること(レーニンの経済主義批判)を欠落させているのである。彼らはまた、学生は本質的に小ブルジョア的だと捉え、自分たちが想定する「民主的成長」以外の変革の回路、この場合は「自己否定」論を理解しようともしない。

†「大学解体」論批判

第二に「科学と資本主義的生産関係の矛盾」について。曰く「ブルジョアジーによる科学発展の矛盾と二面性は、一方における『科学主義』と他方における非合理主義として現れる」。つまり、いずれにせよ畸《マ》形《マ》的で真の発展を妨げているから「科学の発展とその資本主義的利用を区別し、前者を発展させるとともに、資本主義による疎外・桎梏とたたかうこと」。これまた先に指摘した弁証法の曲解と振り分け論である。すなわち、彼らも言うように、科学も「科学的労働」の生産物であるとすれば、特殊な形態をとってではあれ、その帰属はブルジョアジーの側であり、実際、利潤動機・流通機構に規定された商品の形態をとらざるをえないのだから、「発展」と「利用」とはまさに相互浸透しているのである。

確かにマルクスは機械制大工業の革命的意義を説き、科学・技術の全人類的遺産としての継承を語ったけれども、それはギルド的ユニオンと空想的社会主義に対して、労働者の階級的団結の物質的基礎と科学的社会主義の歴史的正当性を示したものであって、このことが超歴史的に妥当するとは言っていないのである。大学も近代資本主義の一制度なのであって、その知的生産が市場から自由であるわけはなく、また労働力の養成という国家的要請に従ってもいることを、彼らは「民主化」論のために意図的に看過している。

†政治観

こうしたエセ弁証法に基づく科学と法則への物神崇拝、階級闘争史観ならぬ進化史観としての唯物史観こそ、彼らの特徴である。それはまた、法則が主語で、その認識と適用の主体としてのみ人間＝階級があることになりかねず、《政治》の問題を絶対化された科学の運用技術の問題に矮小化するものである。かの「自由とは必然性の認識である」という命題を、「必然の王国から自由の王国へ」の実践＝共産主義運動というガイストを抜きにして、「歴史の必然性」への信仰にしてしまうということでもある。

例えば、ある民青同盟員の加入時の問題の立て方はこうである。「あらゆる点から検証してみて、資本主義社会は社会主義に移行するという確信は深まるばかりだ。歴史の必然に逆らう反動勢力の一員として自己を位置づけるのか、それとも、歴史の運動法則に従って、人民解放の立場に立って生きるのか」と。そして加入後は「未来への輝ける展望があるからこそ、歴史の必然的運動法則に従っているという科学的確信があるからこそ、睡眠時間四時間でも、一日一食でも楽しくやっています」というわけだ。

ここにみられるように「必然性信仰」は、歴史→運動・組織→生活とストレートに投影されて、あの途方もなくオプティミスティックな態度を帰結する（その象徴が例の「こぶしをつきあげる青年」のポスターであり、「いつも夜明けだ」なる歌だ）。と同時に、初期社会主義者にみられた「世界の大勢」式の発想に横すべりして、「青年」とか「未来」とか常識の地平でのプラス・シンボルをそのまま用いて得意然としたり、ともかく「大きいことはいいことだ」という事大主義に陥ったりするのである。

例えば次の一文は、先の民青同盟員が加入する三カ月程前の（一九六八年）一一月一七日のことを恋人あての手紙の中で記したものだが、かかる精神構造が読みとれるではないか。

夕やみが迫る頃から、全学連支援の学生達がぞくぞくと赤門前に集結してきました。全国各地から上京した三〇〇〇以上の学生が、木枯らしの吹きすさぶなかで、じっと座り込んでいました。百本以上の旗がパタパタとひらめき、はち巻きをしめた若者達が肩を寄せ合って寒さをこらえている。ああ、なんという素晴しい光景だったことか。何という若者たちの姿だったことか。君にもあの光景を見せたかった。僕は思わず涙ぐみ（オーバーだと笑わないで欲しい！）、胸がわなわなと震えてきました。僕は、自分の日和見が恥かしい、何故、あの時、彼らの隊列に加わらなかったのかと今でも僕は悩んでいます。

また次の一文を見よ。彼らがいかに常識の地平に転落しているか、よくわかるではないか。

さらにその人は「君が今までに金に困らずにきたのは、君の父親が中小企業主だからだ。つまり、君は店の人びとの労働によって今まで遊んで食ってきたことになる。君が社会に関心をもっていなくても、君は今の体制の一部となっている」といいました。私はここにおいて資本主義体制の恐ろしさを知りガク然としました。そして今までの自分があまりに子供であり、身勝手であったと思いました。

かかる常識的発想であればこそ、「入試中止」や「留年」の恫喝に屈した右翼秩序派と野合して「正常化」の尖兵となったのである。別言すれば、彼らの「マルクス・レーニン主義」もせいぜい常識を「必然性信仰」で左傾化したものにすぎず、あたかも第一次大戦前のドイツ社会民主党中央派（カウツキー派）の如きものである。

ともあれ、日共・民青系諸君の政治観は「民主主義vs反動」の力学であり、それも必ず前者が勝利し、絶えず「民主勢力の前進」を確認できるものである（選挙の度に得票、議席数が増大するので一定のリアリティがある）。その「階級闘争の法則の大学内部への浸透」が「大学民主化」闘争というわけである。他方で、かかる力学の一モメントたる主体に対しては「法則の認識こそすべてだ」として各自の思想的営為を圧殺し、あるいはそれに外枠をはめる政治主義として現れざるをえない。彼らは「科学的社会主義」に縛られて、全共闘に結集した学生の自由な発想と思考を「逸脱」ととらえ、トロツキストとレッテルを貼って片づけてしまう。

3　ノンセクトに乗り越えられた構革派

†大学革命論への急進化

すでに『現代の理論』原沢謹吾・富田武論文（六九年五月号）に示したように、フロントの大学革新論は東大闘争の中で破綻を余儀なくされ、ノンセクト・ラディカルに乗り越えられ、われわれは大学革命論へと急進化した。

第一に、大学革新闘争論の根拠たる学生層規定は「知識と技術を媒介として生産関係に将来関与する特殊な社会層」であった。学生は国家独占資本主義の下で、層として利害の一致があり、客観的に反独占的だと規定するにとどまり、主観的にはどう考えているのか、多様性も含めて検討しなかったことである。第二に、大学は「知的生産の場」であると一面的に規定し（上部団体の統社同に学者が多かったことにもよる）、教育への国家の支配を媒介する大学管理組織形態（国大協路線）の分析を欠落させたこと。第三に、これらの帰結として、闘争の課題が大学の制度及び教育内容の改革に一面化され、かつ個別大学における直接民主主義の実現が「反独占の陣地」と等置される傾向が色濃く、闘争の全国的・全人民的闘争への転化が放置されたことである。

これを反省し、日共・民青の「大学民主化」＝参加論が現代資本主義のヘゲモニーに組み込まれるものでしかないことを批判し、レリオ・バッソ（イタリアのプロレタリア統一社会党幹部）に依拠して、イタリア共産党のように議会多数派形成を展望できる勢力ではない以上、むしろ市民社会の各領域で支配機構の「断絶」を追求すべきだとした社会革命論の大学版が、大学革命論に他ならない。

†統社同と共産党

また、大衆運動の指導について言えば、東大闘争の中で「要求の一致」（七項目要求）に留まるのではなく、「認識の一致」＝大衆の「大学解体」にまで至る思想的成長を重視すべきことに気づかされた。従来構革派の指導者たちは、共産党が安保闘争や原水禁運動その他の大衆運動の中で「敵を明らかにせよ」（主敵がアメリカ帝国主義、米日反動であることを認識せよ）をいわば踏み絵のように迫ってきた苦い経験から、大衆運動は「要求の一致」のみで成立するという牢固とした信念を抱いていた。しかし、フロント活動家がバイブルの如く指針にしていた森田桐郎「統一戦線の論理構造」に次の一文があった。「政治目標は、客観的情勢の変化によるというよりも、認識の発展過程にもとづいて、発展的に変化するものであり、したがって統一戦線の内容と水準は、過程的・発展的なものである」(『構造改革』二四再録)。

総じて、日本構革派、より正確には六九年七回大会までの旧統一社会主義同盟指導部(安東仁兵衛書記長)の政治観は、先に日共の特徴として挙げたすべての点を共有していた。唯一のと言ってもよい相違点は、日共の党内外における官僚主義への反対であるが、それとても、「世界観党」(マルクス主義で結束した政党)の否定、思想=イデオロギーの軽視、党の意義と任務の極小化などを帰結し、いずれの点でも生産力オプティミズムと「政治の技術化」を日共以上に純化せしめたと言えよう。そこでは、《政治》とは、経済的必然性のもたらした制度の矛盾と大衆の要求を利用・組織することであり、極論すれば、そのための政策を立案・提起することであった。

私の構革派批判=自己批判が煮詰まったのは、ようやく六九年一二月に書かれた「日本構革派革命論総括その一」(東大本郷現代革命研究会小冊子『現代の君主』第一号)である。

事態の経過から言えば、六八年一二・一三「代議員大会」粉砕闘争をめぐる東大フロントと統社同指導部との対立に始まる論争の中で、『現代の理論』誌において名指しで安東論文を批判しながらも、なお批判は部分的なものにとどまっていた。むしろ、対立しつつ共存していた同盟本部における安東氏の言動にこそ嫌悪感を抱き、やがてそれを論理化することによって訣別を準備したと言わねばならない。「〈卒業試験ボイコット〉宣言」が最初に貼られたのは、他ならぬ同盟本部の壁であった。

†おわりに——大学への復帰に当たって

私が〈理論と実践〉を問題にするとき、東大闘争で破産宣告を受けたはずのアカデミズムが「改革」路線のもとに新たな装いをこらして復興しつつあるのと、他方、破産宣告をつきつけた側の全共闘、とりわけ全闘連を中心とする「闘う研究者」集団の大半が解体し、「闘う研究者」論が色あせてしまっている現実を直視せざるをえない。しかも私は、「闘う研究者」論が旧来の〈理論と実践〉論を必ずしもトータルに、かつ真正面から批判しつくしたとは言えないのではないかという疑問を禁じえない。また何よりもバリケード＝自主管理闘争の中でこそリアルでありえただけに、今日もはや実践的意義を小さくしているとみなくてはならない。

元来〈理論と実践〉という問題の立て方は、マルクス主義知識人の、それも大学による知的独占が支配的なドイツや日本のような国に固有のものであった（講壇社会主義、講壇マルクス主義）。他方、近代主義者を中心とするアカデミシャンは「大学の社会的責任」という立て方をするのであって、その学問が実学的であれ、虚学的であれ、知的営為それ自体の存在価値を自明の前提として認めた上で、「社会進歩」のための知的リーダーたることを使命とするのである。

だが東大闘争が見事に暴露したように、マルクス主義学者は「学問の自由」―「大学の自治」イデオロギーに完全に包摂されているばかりか、いわば「一二〇パーセントの近代主義者」としてたちあらわれ、「理論的営為自体が実践だ」とか「大学人としての社会的責任を果たすこと（マスコミでの発言や学生弾圧のこと）が実践だ」とか言い出す始末で、〈理論と実践〉の途方もない歪曲をなしている。

ところで私の数年来の問題意識は、スターリン主義とは何かということであった。これに対して、党内外の民主主義の欠如ないし破壊という答えも、哲学の機械的・反映論的な性格から演繹する方法もとうてい私の納得しうるところではなかった。また「世界革命の放棄」＝「一国社会主義建設可能」論と等置してみても、スターリン体制の歴史的特質を明らかにするには抽象的にすぎるし、かえって「裏切り史観」〔社会主義の不成功をスターリンによるレーニンに対する裏切りの結果とする見方〕に道を開いてしまう。逆にロシアの後進性と世界史的位置〔帝国主義の包囲〕に解消して指導者の政治責任を不問に付す「必然論」も誤っている。

スターリン主義の諸側面は指導者の政治観とそれに基づく指導のあり方の次元に集約されねばならない、これがさし当たりの結論である。もとより、それはロシアの後進性と世界史的位置の制約を何ら否定するものではない。問題は、スターリンがそれを所与のものとして固定したこと、それも科学〔レーニン主義のガイストを抜き去った『レーニン主義の基礎』〕の名においてなすことによって、一方では世界革命への政治責任を回避しつつ、他方では社会革命〔工業化、農業集団化、文化革命〕を政治主義的に〔やらないのは敗北主義、日和見主義だというように党派闘争の道具にして〕指導したことにある。

そこに貫かれていたのは「打倒目標＝○○、同盟軍＝△△、予備軍＝××」といった力学的思考であり、かかる枠組に押し込む内容を時に応じて変えるプラグマティズムである。のちの「階級は消滅したが、階級闘争は激化するから国家を強化すべきだ」なるシェーマこそ、かような力学の行き着いた先であり、プロレタリア独裁のパラドックス〔国家の消滅に向けた最後の独裁〕に対する自覚なき政治観の当然の帰結と言わねばならない。

かようなスターリン主義批判は、指導者—政治過程—社会的基底の総体にわたるスターリン体制論によって科学的に基礎づけられ、いっそう深化されるとすれば、もはやこれは党の理論（それは不断に当面の方針に引きつけられる）のよくなしうるところではない。また「市井の学問」として個人的にやることも絶望的に困難である〔ソ連共産党による歴史資料の秘匿、ソ連への留学制度の不在〕。

東大闘争を闘った者として「闘う研究者」論になお心惹かれるものをもちながらも、私が東大に「還ってきた」のは、スターリン体制研究のため、ただこの一点である。もちろん私は、講壇マルクス主義者を先のように批判したのだから、アカデミズムに包摂されてはならないし、学内闘争や自分の研究室の内外に鋭敏でありたい。それは恐るべき内面の緊張と不屈のエネルギーを要求する。何故なら、科学〈学問〉の論理と《政治》の論理とは異なるばかりか、各々が無制限の関わりを要求するのを、一個の私において、スターリン主義批判ただ一点で統一して両立させなければならないからである。

第四章

その後の運動とソ連崩壊

――「新しい社会運動」か

成蹊大学アジア太平洋研究センターによる「成蹊フォーラム 21世紀のアジアと女性」で挨拶する筆者（2001年6月1日）

†はじめに

本章は、一九七〇年代以降の社会運動を筆者の関わった範囲で記述し、「新しい社会運動」の歴史的研究にわずかなりとも貢献しようとするものである。私は大学院に七一年から一〇年間も籍を置き（事務方が親切で、博士課程最長五年の期限に「病気＝休学扱い」三年を追加してくれた）、いわば身分を確保しながら（経済的には塾や予備校の講師をしながら）社会運動に従事してきた。修士論文は書いたものの（辛うじて合格）、八年間は研究を中断していたのである。

まず、一〇年単位の各年代を社会的・個人的に特徴付けておくことにする。

一九七〇年代は「忍耐」の時期だった。学生運動の急速な退潮と、それに追い討ちをかけるような「連合赤軍浅間山荘事件」（七二年二月）により、社会運動は分散的で、地味なものにならざるを得なかった。ヴェトナム戦争は北（民主共和国）と南の解放勢力の勝利に終わったが（七五年四月）、急速な統一は難民を生み出し、カンボジアではポル・ポト政権が民衆を大量に虐殺し、ヴェトナムが反ポル・ポト政権を擁立すると、これに反発する中国がヴェトナムに軍事侵攻する（七九年二月）という「社会主義」にあるべからざる事態が生じた。同じ年の一二月、ソ連はアフガニスタンに軍事介入した。七三、七九年二度のオイルショックが日本経済の「高度成長」を終わらせた。私個人は、七四〜七八年には組織の事情から「専従」となって「薄給」(活動費)をもらっていたが(最初の結婚をしている)、研究に復帰することを切望していたのである。

八〇年代は「希望」の時期だった。ポーランドの「連帯」運動が、八〇〜八一年しか続かず弾圧されたとはいえ、現存「社会主義」改革の希望を抱かせた。八五年三月にゴルバチョフがソ連共産党書記長に就任し、まもなく「ペレストロイカ」を開始すると、私はソ連の新聞・雑誌をフォローするようになった(成蹊大学就職後は、衛星テレビ放送に夢中になった)。とくに「歴史の見直し」はスターリン時代を研究する私にとって大いに励みとなり、学術論文を本格的に書き始めた。いくつかの大学で非常勤講師を勤め、政治史や比較政治、時にはソ連社会論を講ずるようになった。日本は「新自由主義」政策で景気を回復し、円高により海外旅行も容易になった(私は内戦開始五〇年のスペイン、ロシア革命七〇年のソ連を訪れた)。むろん、日本のナショナリズムが高まり、安保体制肯定が世論の過半数を占めるようになったことに懸念も抱いた。八八年四月、幸運と友情に助けられて四二歳で成蹊大学法学部に職を得ることができた。

九〇年代は「不安」の時期と言うべきか。ペレストロイカ末期に冷戦が終焉したものの、世界に局地戦争は絶えず、東アジアには「冷戦構造」が残った。ソ連は崩壊したが、民族紛争が多発し、ロシアは経済的に困窮した。日本では、バブル崩壊により経済の停滞期に入り、その不満も背景に「拉致問題」、教科書批判、「慰安婦問題」に対する反発からネオ・ナショナリズムが台頭した。自民党一党支配は崩壊したが、社会党・総評も衰退した。冷戦終焉とネオ・ナショナリズム台頭により、論壇では保守的・国粋的議論が横行するようになった。大学は「設置基準大綱化」以降の相次ぐ「改革」により、政府・財界の意向に従うようになり、辛うじて残っていた自主性と批判精神を失った。私の、東大闘争時とは正反対のように見える「大学の自治」「学問の自由」擁護の言論も、学内で支持を得られなかった(二〇〇〇年代はいっそう得られなくなった)。

1　諸社会運動への関わり

†保安処分制定反対運動

筆者は、すでに述べた精神障害者の弟のこともあって、医師のO先生と「医療社会科学研究会」なる小さな団体を作り、医学生や看護学生を集めて研究会を始めた。東大闘争の継続として青年医師連合が通称「赤レンガ」棟を根城に活発に活動していた頃である。母が精神病患者家族会に出入りし、弟の件で精神科医の島成郎さんや藤沢敏雄さんのお世話になっていたことも動機の一つであろう。大した活動はしていなかったが、転機となった出来事がある。「浅間山荘事件」が連日テレビで報道されていた七二年二月に、その報道を見ていたフロントの学生O（医療社研メンバー）が精神に変調をきたし、多少なりとも経験のある私がO宅泊まり込みで世話に当たり、回復を助けたことである。

その頃、保安処分制定が政府によって検討され始めた。保安処分とは、戦前の刑法にあった「罪を犯す恐れ」だけで予防的に拘禁できる制度だが、精神障害者が「何をしでかすか分からない」存在であり、その犯罪が増えているという理由で、政府は復活しようとしたのである。実は、現行の精神衛生法（一九五〇年制定）第二九条にも「措置入院」という制度が規定されている。「精神の障害」により他人を害し、自分を傷つける恐れがある場合、都道府県知事が精神衛生鑑定医二人の診察の結果、意見が一致する場合には、強制入院させることができるとするものである。精神衛生法は、精神障害者を「気狂い」と呼んで座敷牢に長年にわたり閉じ込めた時代に比べれば、治療の対象として精神病院に入院させる点で進歩ではあったが、あくまで「同意入院」が原則である。

保安処分は、現行精神衛生法の「措置入院」でも、本人を厄介者扱いする家族によって悪用されてきたのに、刑法の制度として警察権力によって予防的に強制入院させる人権侵害の制度であり、「精神障害」の名目で政治的に危険とみなした人物を予防的に拘禁するといった拡大解釈を可能にするものである。

実は、島や藤沢が言うように、精神障害者による犯罪率が一般人のそれより高いという証拠はない。後のことだが、新宿バス放火事件（一九八〇年）のような事件がマスコミでセンセーショナルに報道されると、そのたびに保安処分制定論が浮上した。島は、従来の「措置入院」についてもこう述べて、家族や周辺が精神科医に圧力をかけてきた現実を指摘している。

「われわれ精神科医にあるいは精神病院に、一般の人たちが要求するものは何かというと精神病者の治療というより、彼らが他人に迷惑をかける、家族に迷惑をかける、周りにいると不気味である、何をするか分からないから何とかしろと、これがわれわれに対する要求なんです。病気を治療して癒してくれという前に病院に入れてくれ、出さないようにしてくれ、できるだけ長く入れてくれと迫られます」「この病気の一番大事なのは対人関係なんです。対人関係で躓《つまず》いて閉じ籠ってしまうということが一番問題なんです。それをいかにして家族から自立し、社会のなかで対人関係を回復し、自信をもち、そして自分の役割を自覚して独り立ちするか、というところに治療の目標がなければならない」（島成郎『精神医療のひとつの試み』批評社、一九八二年）。

保安処分反対を唱える人たちの中には、精神障害者や精神病院の実態を知らずに、政治的弾圧の面だけを強調する者が少なくなかった。ナチ・ドイツがユダヤ人よりも先に精神及び身体障害者を隔離し、安楽死させたことを指摘して、保安処分の危険性を指摘する者もいた。それ自体は間違っていないのだが、私は違和感を覚えた。ごく最近の相模原精神障害者施設「やまゆり園」の元看護人による無差別殺傷事件に対する反応についても、同様な危惧を抱いた。大きな政治的位置付けで満足して思考停止しないで、精神障害者の実情を知ってほしいと思うのである。

もっと率直に言えば、私は弟が高校二年で精神の病にかかった頃、母が短歌で詠んだような暴力行為や自傷行為を見てきた。むろん状態が良いときもあり、障害者を雇ってくれる作業施設に通ったこともあるが、長続きせず、通算三〇年ほど精神病院に入院している。老母がもはや病院見舞いが無理になって私が行くようになってから二十余年、事故が原因で四肢も不自由になって寝たきりになり、言葉による意思疎通がほとんど困難になっても、ただ一人の肉親としては何とかコミュニケーションを取ろうとしている。

†優生保護法改悪反対運動

精神障害者の運動に関わっているうちに、身体障害者の運動とも接点ができた。最初の出会いはフロント・シンパだったSとの出会いだったと記憶する。小児マヒのため足が悪い彼は松葉杖をついて歩いたが、何事にも積極的で障害児の特殊学級や養護学校への隔離教育に反対する活動をしていた。やがて脳性マヒ者の団体「青い芝の会」全国会長の横塚晃一、神奈川会長の横田弘と知り合いになった。

障害者自身の運動は、一九七〇年神奈川県で、脳性マヒのわが子を養育に疲れた母親が殺す事件が契機となって起こった。母親の減刑を嘆願する運動が、周囲の人たちや障害児を持つ親などから起こり、世論やマスコミが支持して判決は執行猶予付きになった。「青い芝の会」はこれに反対し、母親は殺人者と批判、障害者の生きる権利を主張して、裁判所に不服を申し立てた。

一九七三年の「青い芝行動綱領」は、次のようなラディカルな主張を掲げた「一、我らは自らが脳性マヒ者であることを自覚する。一、我らは強烈な自己主張を行う。一、我らは愛と正義を否定する。一、我らは問題解決の道を選ばない。一、我らは健全者文明を否定する」と。従来、家族や周囲に厄介者扱いされ、あるいは同情されるだけの存在から、健全者に頼らず、健全者のようになろうとせず、脳性マヒ者のまま、自立して生きていくという宣言は人々を驚かせた。

七〇年東京では、府中療育センターで入所していた障害者の人権侵害に対する抗議運動が起こった。入所時に、本人や親はセンターの処遇に反対できないことを同意させられた。死亡時には解剖することに同意し、障害の予防・発生の研究に寄与すると書かれた承諾書に署名することを強要された。関西では視覚障害者の楠敏雄が、学生運動の影響を受けながら様々な障害を持つ個人、団体の連合体「全国障害者解放運動連絡会議」(全障連)を結成した。私は様々な障害者と交わったが、残念ながら点字や手話を覚える余裕はなかった。

一九七二年「優生保護法」改悪反対運動が起こった。同法は一九四八年に施行され、「不良な子孫の出生を防止する」ことを目的にした不妊手術や人工妊娠中絶が認められていた。遺伝性とされた病気のほか、精神障害や知的障害のある人に対しては、本人の同意が不要な不妊手術が認められた。手術は医師が申請し、するか否かを都道府県の審査会が決めることになっていた。やむを得ない事情があれば身体を拘束することも、当時の厚生省は通知していた。

その優生保護法の改悪とは、中絶理由「身体的又は経済的理由」から後者を削除し、「胎児が重度の精神又は身体の障害の原因を有する恐れがある場合」を付加するものである。ウーマン・リブの女性たちは主として「経済的理由」削除に着目し「産む、産まないは女の権利」を掲げて反対運動に起ち上がった。他方、障害者団体は「出生前診断」導入で胎児の状態判断が容易になったことを指摘して「障害の原因を有する恐れ」付加に反対した。同時に、「産まない権利」の行使は胎児抹殺を認めることになると、リブにも反対した。私自身、こうした女性と障害者の対立を集会等の現場で何度も目の当たりにしている。

このジレンマに対して、マルクス主義は解くすべを持たなかった。フロントの理論家が書いた『女性解放と現代――マルクス主義女性論入門』（大原紀美子・塩原早苗・安藤紀典著、三一書房、一九七二年）は、レーニンの婦人解放論と階級闘争優先論に立つもので、「新しい社会運動」に対応できていなかった。私は塩原（筆名）らに、障害者にとって住みにくい社会は女性等にとっても住みにくい、例えば、歩道橋は車優先の街づくり（高度資本主義）から生まれたもので、障害者だけではなく、妊婦や幼児連れの母親にとっても高齢者にとっても不要で、迷惑なものであり、そのような社会を一つ一つ、お互い住みやすい社会に変えることが共通の課題ではないのかと説得した（まだ「共生」という言葉は生まれていなかったが、「養護学校義務化反対」運動は教師目線の「統合教育」から「共育」思想を生み出す手前まで行っていた）。

やがて、こうした運動の結果、右改悪案が七四年に審議未了になっただけではなく、九六年に現行優生保護法の差別的な規定も削除され、法律名も「母体保護法」に改められた。昨今問題になっているのは、旧優生保護法で不妊手術を強制された一万六〇〇〇人以上とも言われる人々の救済である。

夏期労働講座（1978 年 8 月、右が筆者）

†労働運動の「助っ人」

労働運動をやったこともない私は「共産主義と労働運動の結合」を掲げる党派（後述）では、脇役であった。たしかに、いくつかの労働争議の応援には行った。下請清掃（ゴミ収集トラック運転手）労働組合の結成と労働条件改善闘争、全国金属労働組合ペトリ・カメラ支部の倒産企業自主管理闘争などである。私は、酒脱な江戸っ子の親友Sのように労働者と酒を飲み、おいちょかぶ（花札または株札を使うゲーム）をして溶け込むことができず、仲間扱いされなかった。それをわきまえていたから「労働者学習協会」（代表・倉野精三日本女子大教授）を通じて労働情勢早わかりパンフレットの作成や学習会のお膳立てに徹したのである。その最大の成果が、労働者学習協会編『危機の中の労働運動』（一九七八年）だった。

そこには全金南大阪や全金ペトリ、全造船労働組合や全逓信労働組合、石川県労働組合評議会や江戸川区労働組合協議会といった最先端の闘争が紹介されたほか、熊沢誠の「イギリスの労働運動と労働者の世界」や石堂清倫「社会主義革命と労働者民主主義」のような理論的な考察もあった。長谷川浩（共産党野坂・徳田指導部のもとで労働運動を担当した古参党員）が序文に当たるものを書いてくれた。この頃、混迷する新左翼系を何とかまとめていたのが「労働情報」紙で、その主催者の樋口篤郎も、『労働運動研究』誌の長谷川も共産主義労働党（もとは統社同と同じルーツ、一九六一年に共産党を割って出た「社会主義革新運動」）である。

2 新旧左翼の行き詰まり

†フロント分裂と新たな活動経験

すでに述べたように、社会主義学生戦線（フロント）は東大闘争の過程で急進化し、統一社会主義同盟指導部と対立し、安東仁兵衛らを排除して高田麦（党員名）を書記長に選出し、いわば統社同を乗っ取った。この過程で、元来は活動家組織だったフロントは学生同盟化し、『若きジャコバン』なる機関誌を出して、東大駒場、早大メンバーを中心に「純粋レーニン主義」的、ブント的な理論に傾斜していった。社会革命とグラムシ理論にこだわる統社同東大本郷支部メンバーの安藤紀典や私は「右翼日和見主義」的と見られていた。

一九七〇年一二月、高田書記長の統社同は「日本共産主義革命党」と党名を変更し、構造改革論を完全に清算して「純粋レーニン主義」的な綱領・規約を採択した（全国委員会は中央委員会に、分散的組織は民主集中制に）。「レーニン主義青年同盟」まで結成された。党の文書にはレーニンからの引用が目立つようになったが、私は高田が「レーニン読みのレーニン知らず」だと思っていた。労働者・学生の活動家組織として、これもレーニンから借用した言葉に基づく「反軍国主義共闘」を提示したとき、中国及び日本共産党の「十八番《おはこ》」的規定をなぜ今さら使うのか、疑問を禁じ得なかった。やがて公安警察のマークもきつくなってくると、戦前共産主義運動を想起させる規律とモラルも強調されるようになった。

その行きつく先が、七二年三月に高田書記長が政治局を改組したうえで指示した「整風運動」であり、党員に対する「小ブルジョア性の自己批判」要求であった。この「整風運動」の中で障害者差別を糾弾されるや、高田らは「日本共産党こそが真の前衛である」と宣言し、一部が脱党するに至った。残されたメンバーは突然の事態に困惑する地方組織と連絡を取りながら、党の再建に努め、高田らに批判的だった私も否応なく再建の中心メンバーになったのである（障害者差別を批判した私が、部落差別発言で糾弾されたこともある）。再建（七四年八月）の合言葉は「共産主義と労働運動の結合」であり、新左翼の政治闘争＝街頭闘争中心、戦術の急進化の競い合いを改め、労働者と労働組合に根を下ろした地道な運動をめざすことになった。

その後、革共同中核派や社青同解放派（六九年九月に革命的労働者協会）が分裂したのも、政治運動で街頭闘争に固執する派と労働運動に回帰する派との違いによるだけではなく、女性差別や障害者差別など社会的差別の事件を契機とするものでもあった。

私は、親友Sが中央指導部に選ばれなかったため、いわば中継ぎとして「専従」を勤めることになった。主たる職分は、理論担当、機関紙『先駆』編集長、労働者学習協会担当、学生運動対策部長、障害者解放運動担当であった。他党派との会合に出ることもあったが、

「共革党」と名乗るのが仰々しいのと「侠客党」みたいで嫌だった。理論は得意だったが、党の路線に合わせる必要から、日本共産党の議会主義路線への傾斜をレーニン教条的な立場で批判する「イソップの言葉」を用いる苦労もあったが、次第に社会主義論、市民社会論をはじめ自分の考えるところを浸透させることができるようになった。

機関紙編集は初めての経験で試行錯誤だったが、印刷所（業界紙を扱った）で学んだこともある。当時は鉛活字印刷の時代で、棒ゲラ（原稿を一段ずつ植字し棒状に組んだゲラ）を校正し、割り付けに従って配列し、前文《まえぶん》と見出し（と写真）を付してできた紙面を再度校正し、降版する（印刷に回す）という手順だった。前任の編集長に口うるさく言われたのは、紙面構成も見出しも「ブル新に倣え」であった。商業紙（ブルジョア新聞と呼んでいた）の読みやすさを模範にしたのである。

また、植字工には「あんたは大学出なのに、こんな漢字も知らないのか」とよく言われた。文明開化の時代から植字工はインテリであり、労働組合を最初に結成したのも彼らであった。彼らは誇り高いが、好人物が多く、仕事の後に浜松町の立ち飲み屋に誘ってもらい、日本酒に強くなった思い出もある。

†「新日和見主義」と日本共産党

一九七二年五月、他ならぬ日本共産党内部で「新日和見主義」グループが発生した。むろん、この呼び名は宮本指導部によるもので、それが外部に明るみに出るのはしばらく後のことだった。

ただ、共産党の動向を注視していた理論担当の私は、ニクソン・ドクトリン（七〇年二月、日本に防衛努力強化を要求）から沖縄返還協定（七一年六月調印、米軍基地存続・強化）に至る過程で、共産党の中に異論があることに、やや遅れて気づいた。『経済』一九七一年九月号の香月徹（筆名）論文「七〇年代の日本軍国主義」である。形の上では宮本を引用しつつ、「日本軍国主義復活」をほぼ断定した同論文は、アメリカ帝国主義に従属した日本独占資本という長年維持してきたテーゼの修正をはかるものだった。「日本の軍国主義・帝国主義がアメリカ帝国主義とならんで、日本人民ばかりではなく全アジア人民との直接の敵対関係にはいらざるをえない時代の始まり」という規定は、従来「帝国主義復活」論（構造改革派や新左翼）を否認し、「軍国主義」で代用することによって米帝国主義より「目下」であることを印象付けてきたのだから、微妙とはいえ見逃せない変化であった。

「新日和見主義」事件は、のちに民青最高幹部の川上徹が『査問』（一九九七年）で書いたように、東大闘争時に「左傾化」し、党中央による介入に渋々従った民青幹部の不満が、民青役員の年齢引き下げ問題を契機に噴出し、除名・離党事件に発展したものである。しかし、川端治＝山川暁夫（両方とも筆名）の死後に出された著作集の年譜・著作目録には、七二年に党本部で査問を受け、彼の論文「日米共同声明と日本人民の七〇年代闘争の展望」（『前衛』一九七〇年一月）が民青幹部に広く読まれていたことが問題にされたとあるので、情勢認識・理論問題も理由だったと見てよい（ちなみに、川端と香月＝高野孟は『前衛』六九年一一月に共同論文を執筆した）。

「査問」とは、民主集中制をとる共産党に固有の、規律違反の疑いある党員に対する調査・糾問のことで、しばしば暴力を伴ったが、過去の例としては、一九五〇年分裂の際に東大国際派内部で行われた戸塚英夫（のち労働経済学者）、不破哲三、高沢寅男（のち社会党副委員長）に対するスパイ容疑での査問が有名である。川上らの査問の衝撃は、部外者の想像以上のものがあったようである。

共産党はこの頃不破書記局長のもと、ソ連型社会主義を批判するユーロ・コミュニズムに同調し、「人民的議会主義」路線を明確にしつつあった（同名の著作刊行は一九七〇年）。不破は一九五八年頃、党内構造改革派の論集『現代マルクス主義』に「社会主義への民主主義的な道」を執筆していたから（批判されて宮本主流派に復帰）、いわば先祖返りしつつあったと言える。ただし、共産党の民主集中制や真理の独占（科学的社会主義）は強固に維持された。その後も袴田里見や野坂参三が「スパイ」容疑で党最高幹部から追われたが（一九七七年、九三年）、それはこの党のスターリン主義的体質を示すものである。

その共産党の民主集中制を内部から批判し始めたのが藤井一行、中野徹三らであり、『スターリン問題研究序説』（一九七七年）に他ならない。ただし、藤井らがしだいにトロツキー支持に傾き（渓内謙の影響も受けてのことと思われる）、それでいて過去のスターリン支持との思想的整合性を問わない点には、疑問を持たざるを得なかった。

ここで注目すべきは、新旧左翼に与えたソルジェニーツィン『収容所群島』（一九七四年邦訳刊、木村浩訳）とロイ・メドヴェージェフ『歴史の審判に向けて』（一九七三〜七四年邦訳刊、石堂清倫訳）の衝撃である。ソ連によるチェコ軍事介入で社会主義に対する失望が広がった上に、知識層の間ではスターリンによるテロルの実態が右二著で、とくに異論派歴史家による後者で赤裸々に知られるようになったと言ってよい。

だいぶ後のことになるが、私が一九九六年末に『スターリニズムの統治構造』を世に問うたとき、この種の学術書にしては珍しく二刷となった。新旧左翼の活動家が読んでくれたらしいことは、旧ブント系指導者が丸々引用に近い形で紹介し、また、友人の元民青幹部に呼ばれて行った書評会で熱心な質疑応答があったことからも、推測できる。

†「変革の理論」の変革へ

私は一九八六年に学術論文「スターリン批判再考――フルシチョフ改革とソ連社会」を『思想』一一月号に発表した。また、一般向け論文(エッセイ)「社会主義の現状と展望――変革のリアリズムを求めて」を『革命と社会主義の現在(講座現代と変革5)』(新地平社、一九八六年)に執筆した。

前者は、ペレストロイカに伴う歴史の見直しの動向を見ながら、ソ連社会がどこまで変わり得るのか、フルシチョフのスターリン批判の射程を考察したものである。スターリン批判をフルシチョフの権力との関係のみならず、歴史家と文学者の自由への希求、国民のテロル体験に根ざした責任追及と名誉回復要求の文脈で解明する内容だった。

後者は、ポーランド「連帯」とソ連「ペレストロイカ」が党・国家体制に対する社会の

ドイツ統一についてのシンポジウム（成蹊大学、1990 年 12 月。左端が筆者）

自立の動きを示したとする趣旨である。カトリックの知識人と労働者が中心の自主労組「連帯」は、「プラハの春」までの共産党内部の改革を起点とした民主化運動とは異なっていた。フロント内部にも、教条的に「労働者階級の復活」とする見方があったが、私は、これこそ「市民社会の再生」に他ならないと判断し、他人にもそう説明した。

『思想』の同じ号の「思想の言葉」で、石堂清倫はこう書いた。新自由主義のもと「科学技術革命の普及による労働者階級の構成変化、社会勢力全体内での政党や組合の比重の低下、政党が指導できないでいるエコロジー、フェミニズム、反核その他の重大問題は市民運動の形をとって分散したまま進行している」。「発展した資本主義国では、それらのもののすべてを対等の新しい歴史的主体として、爆発的ではない新しい民主主義の道をつうじて、より質の高い社会に移行する道はないか。この問いに答えられない限り『スターリン批判』は完結したと言えないであろう」。アカデミックな世界とは別に築かれた師弟関係の石堂と、ほぼ同じ認識である。

私は、ペレストロイカをソ連「最後の改革」と期待し、ゴルバチョフのブレーンがスウェーデンや西ドイツの福祉国家をモデルとし、エコロジスムや核兵器の廃棄を含む「新しい社会民主主義」を目指しているものと分析した。しかし、ソ連の計画経済（指令経済）と一党支配の累積された矛盾はあまりにも深く、ペレストロイカは保守派と急進改革派に挟撃され、社会運動・民族運動の大波に呑まれた末に破綻し、共産党解散とソ連の崩壊に終わった。

党解散直後に私は「人権と市場なき国家社会主義は終わった」と評価したが（『世界週報』一九九一年九月二四日）、現存した社会主義は「一国社会主義」の包囲と続く冷戦の中で試みられ、すべてかかる国家社会主義とならざるを得ず、失敗した以上、歴史的に敗北したと認識すべきこと（「スターリンが指導しなければ」的なイフは成立しないこと）を指摘した。

3　大学内外での社会運動

†広報活動の経験を生かす

先に述べた機関紙編集経験は、一九八八年に大学に就職して直ちに教職員組合の執行委員に推され、自ら教宣部長を買って出たときに生かされた。組合ニュースを新聞スタイルに改め、当時の交渉相手＝専務理事の似顔絵を載せて（漫画の得意な、小学校の先生が書き手）、好評を博したのである。さらに一九九四年、成蹊大学にも起こった学園闘争（一九七二年）の結果廃止された『成蹊大学新聞』の再建をサポートしたとき、すでにパソコンの新聞作成ソフトが開発されてはいたが、部室に出向いて見出しのつけ方、割り付け等を伝授したことがある。

広報に関連してもう一つ。私は二〇〇二〜〇三年に法学部長を務めたが、最大の課題は〇四年四月発足と決まった法科大学院を成蹊でも設立することにし、準備することだった。スタッフが少なく、設立決定が学部長就任後（〇二年四月）という遅れの中で、私が責任者として重視したのが「戦略」と「広報」だった。七十数大学が手を挙げた中で「夜間開講」（働きながら学べる）を打ち出し、ホームページ、パンフレット、合同及び単独の説明会で熱心にアピールしたことが功を奏したと思う（初年度入学試験志願者倍率は全国一位）。

理事長や専務理事のサポートのもと、設立に消極的な学内の一部を説得し、学部の中でも情報を公開しながら協力をとりつけた。一部では「強引だ」と陰口をたたかれたが、「延々議論するだけで何も決まらない」大学の教授会や各種委員会のあり方に、一石を投ずることはできた。これも、学生運動や政治活動の経験が役立ったと思っている。

†障害者の大学受け入れ

一九九五年入試に従来のマークシート方式とは別に、小論文＋面接の方式を導入することになり、前年秋に説明会を開いた。そこに車椅子の受験生T・Aが来ていて、言葉は不自由ながら熱心に質問した。入試総務委員長の私は、脳性マヒの人との話は慣れているため、ゆっくり丁寧に対応した。その受験生は鋭い質問を浴びせるので、「取りたい」と直ちに思った。手が使えず、頭に指先代わりの棒をバンドで付けてワープロを打つため、受験の時は時間延長、別室受験とすることに決めた。

T・Aは見事に合格した。受講のための措置（車椅子のまま受講、講義のスピードにはついて行くのが困難なためヴォランティアにノートを取ってもらう、試験は入試の時と同様の措置、施設のバリアフリー化など）を、今度は政治学科主任として整えた。彼は演習は地方自治論のゼミを取ったが、私の研究室にも遊びに来た。一緒に私のゼミ生を交えて飲んだことも少なくない。彼はストローで酒を飲むので、酔いが早くなるのではと危惧したが、そんなこともなく皆とワイワイ楽しく過ごしていた。卒業後は法政大学の大学院で地方自治を学んだ。付き合いは減ったが、何年だったか、K市会議員の補欠選挙に立候補したときは、最終日に応援に行った（残念ながら落選）。

幼い時から負けず嫌いで頑張り屋だったことは入学後にもらった本で知ったが、T・Aは成蹊大学の学生として誇ってよい存在だった。二〇〇四年には、設立された法科大学院に交通事故のため車椅子を使う学生T・Tを迎えた。彼は二年で「新司法試験」に見事合格し、T市で弁護士事務所を開業し、元気で活躍している。

†ジェンダー研究とセクハラ防止

私が大学に就職した頃、落合恵美子『近代家族とフェミニズム』、江原由美子『女性解放という思想』、上野千鶴子『家父長制と資本制』など、フェミニズム理論の著作が次々と登場した。一九七〇年頃に始まったウーマン・リブの運動が、アメリカに発するフェミニズム理論によって正統化され発展させられて、フェミニズム概念も市民権を得るようになった。国連女性差別撤廃条約と男女雇用機会均等法が成立したのが一九八五年、「アグネス論争」(女優のアグネス・チャンが子連れで仕事に出たことを林真理子らが批判し、社会的な議論を呼んだこと)が八七〜八八年である。

こうしてフェミニズムが「主流化」するに応じて、これに対する反動も生まれた。それが端的に現れたのは、冷戦終焉によって従来米ソ対立の後景に退かされていた「歴史問題」が中国や韓国で噴出した中においてである。とくに日本軍の「従軍慰安婦」制度が、当人たちのカミングアウトによって白日の下に晒され、これに対するナショナリスティックな反発を呼んだことである。一九九三年に河野洋平官房長官(宮澤喜一内閣)による談話「いわゆる従軍慰安婦問題について」が発表され、政府は公式にその存在を認めた。九五年＝戦後五〇年には村山富市内閣のもとで「女性のためのアジア平和国民基金」が発足し、募金と「つぐない」事業がスタートした。

二〇〇〇年一二月東京で「女性国際戦犯法廷」が、元慰安婦の参加も得て開催された。当時成蹊大学アジア太平洋研究センター（CAPS）所長だった私は、これに参加し、深い感銘を受け、憤りも感じた。この「法廷」は翌年一月NHK教育テレビで放映されたが、その内容に安倍晋三官房副長官（森喜朗内閣）らがクレームをつけ、改変したことが二〇〇五年に問題になった。

二〇〇一年六月一～二日にCAPSは「成蹊フォーラム　二一世紀のアジアと女性」を開催した。従軍慰安婦問題に加えて、一九九九年に成立した「男女共同参画社会基本法」とこれに対するバックラッシュ（ジェンダー・フリーを、男女の生物学的性差まで無視したものと非難）とどう取り組んでいくかという問題意識から発したものだった。アジア五カ国・一地域（韓国、中国、台湾、フィリピン、インドネシア、タイ）の女性研究者が自国の女性の地位と差別の現実を紹介し、議論する試みで、基調報告は、このテーマで長年運動をしてきた「アジアの女たちの会」松井やよりさんにお願いした。一般市民、学生も参加し、全体会合では困難な質疑応答の機会を分科会で提供した。また、会場近くに、武蔵野市の保育NPOの協力を得て託児室を設けた（私の娘も預けた）のも、フォーラムの趣旨として当然とはいえ、大学としては画期的だった。

CAPSは、このテーマを継承する研究プロジェクトをさらに三年続けた。その成果が富田武・李静和編『家族の変容とジェンダー』（日本評論社、二〇〇六年）である。「男女共同参画社会」実現のためには、「男性稼得者モデル」に基づく世帯単位の税制や社会保険制度（女性を課税や保険料徴収から免除する＝世帯主に従属させる所得制限）の抜本的改革＝個人単位への変更が求められているという大沢真理らの議論を発展させようとする問題意識であった（意識改革面では性別役割分業を生み出し、再生産する家庭・学校・社会教育の改革を課題とした）。

私は二〇〇二〜〇三年の法学部長在任ののち、成蹊学園「セクシュアル・ハラスメント人権委員会」委員長を四年間務めた。これは学園教職員・院生・学生が同僚や学友に「セクハラを受けた」と委員会に申し出れば、委員会は事情聴取を当事者双方から行い、慎重な事実認定ののち、セクハラか否かの判断を下し、セクハラの場合は学園理事会に上げて処分を委ねるものである。職務上の秘密を明かすことはできないが、ある職員の同僚に対するセクハラ（最も悪質な行為）の認定、判断のケースは、結果として懲戒解雇処分となったこともあり、胃がキリキリ痛む思いをしたものである。

†抑留者=最高齢者の社会運動

私は二〇一〇年一月から「シベリア抑留」研究を開始した。遅すぎるスタートだったが、抑留体験者の村山常雄さんが七〇歳でワープロを覚え、一〇年間で抑留死亡者データ・ベース四万六〇〇〇人分を作成したことに衝撃を受け、ソ連史研究者として無為を恥じたからである。以来九年、旧ソ連各地の墓地・埋葬地に出かけ、公文書館で資料を読み、ロシア人研究者等を招いて国際会議を開催し、「シベリア抑留研究会」を主宰してきた。刊行した本は『シベリア抑留者たちの戦後』(人文書院、二〇一三年)、『シベリア抑留』(中公新書、二〇一六年)、長勢了治との共編訳『シベリア抑留関係資料集成』(みすず書房、二〇一七年)である。

私は二〇一五年に前立腺癌を発症したが、残り少なくなった抑留生存者に励まされ、弱音を吐こうものなら「君は二〇歳も若い」と叱咤激励されてきた。厚生労働省には、村山さんがやり残された生存帰還者の「個人記録」のデータベース化を要求し続けてきた。一昨年極北のヴォルクタ、昨年ペテルブルクと北海道遠別(ロシアに残留して国籍を取得した高齢者の里帰り支援）、今年は「シベリア出兵一〇〇年」アムール州・ハバロフスク地方慰霊・墓参に出かけた。体力と資金を必要とするが、抑留研究は公文書と回想記の発見・解読、そして現地フィールド・ワークの三本柱で成立するものと確信している。

抑留者の体験発掘及び伝承と慰霊の活動は、いま思い返せば、東大闘争の延長に生まれた宇井純「公害原論」などの自主講座運動に近いものになっている。大学中心ではなく、官庁には批判的で、抑留体験者・遺家族、研究者、ジャーナリスト等による自発的で自立した活動である。日本人として戦った朝鮮人・台湾人兵士への補償も課題にしているし、シベリア出兵の際の日本軍によるロシア人虐殺に対する反省を踏まえた慰霊にも参加している。かつて支配的だった「抑留は日本人の悲劇」といった被害者論も克服しつつある。

それは、私にとっては、スターリニズム研究の集大成でもある。スターリニズムは新旧左翼にとっての悪しき遺産であるばかりか、シベリア抑留を通じて日本人のいわば国民的体験（抑留された将兵、民間人あわせて百万人超だけではなく、待たされた家族、親族、友人を含めれば日本人の少なくとも一割をゆうに超える人々の体験）だったからに他ならず、その意味で研究は自分に課せられた責務だと思っている。

第五章

大学闘争はいかに研究されたか

大学闘争について近年刊行された研究書

1　社会学的研究

†社会運動論の系譜

本章では「新しい社会運動」論について簡潔に述べてから、本書冒頭の「はじめに」で挙げた著作の検討に移る。社会学に通じていないことを承知で大雑把に述べるのだが、社会運動（その極点としての社会革命）はおおよそ以下のような枠組みで説明されてきた。

第一は「価値剝奪（相対的価値剝奪）論」で、フランス革命もロシア革命も「パンと自由」の欠如（王侯貴族は贅沢しているのに、われわれは食うや食わず）が原因とされた。戦後日本の社会運動も、貧困が主たる動機で、高度成長期に入ると「絶対的窮乏」ではなく「相対的窮乏」が問題とされ、貧富の「格差」や「精神的貧困」（企業への隷属、大衆社会の疎外）に視点が向けられるようになった。社会の現状に対する不満が人々を起ち上がらせるという根本認識である。

六〇年安保闘争後は、その総括の問題意識もあって、アメリカから導入された「資源動員論」が社会学的分析の第二の枠組みとして注目されるようになった。社会運動を個人の動機や心理の集合で説明するのではなく、これを媒介する政党や社会団体がその資金や人的ネットワーク、マスコミ等の資源をいかに動員して運動目標を達成するのか、その過程に着目したのである。同じアメリカから導入した政治過程論やリーダーシップ論ともパラレルなこの議論は、いったん成立した運動（例えば黒人の公民権運動）の効率や成否を論ずるには適しているが、「価値剝奪論」が取り上げた運動の動機を後景に退ける難点があった。

一九六〇年代後半に、高度成長を遂げた欧米先進国で第三の「新しい社会運動」論が登場した。運動の動機があらためて問われたが、もはや貧困ではなかった。「豊かさ」の矛盾が資源の浪費、環境破壊として現れ、「脱物質主義」（R・イングルハート）的な価値観が登場した。高度成長をもたらしたケインズ主義的福祉国家が「管理社会」と抱き合わせであることに、とくに若者が不満を抱くようになった。大学の大衆化は、貧弱な教育内容とお定まりのライフコースに対する学生の不満と疎外感をもたらし、学生反乱に火をつけた（一九六八年）。

「ポスト工業化社会」への移行期（A・トゥレーヌ）に登場した運動は「新しい社会運動」と呼ばれた。脱物質主義を志向し、体制内化した政党や労働組合から自立した運動をめざし、さらに従来は軽視ないし無視されてきた女性や被抑圧民族を主体とする運動が登場した。むろん、後者は公民権運動やヴェトナム反戦運動が先鞭をつけたものだが、日本では被差別部落民、米軍支配下沖縄住民、在日韓国・朝鮮人の運動が顕著になった。公害反対運動は、環境保護運動の世界的潮流に合流した。フェミニズムやエコロジスムは、マルクス主義に根本的反省を迫る思想となった。

日本では「新しい社会運動」は、ポスト全共闘の運動として注目され、かつての活動家たちが活路を見出した。全共闘運動の最中に生まれたウーマン・リブに始まるフェミニズムが「男女共同参画社会」基本法にまで至ったのは、その成果である。社会運動が政党主導ではなく、NGO、NPOを核とする社会的ネットワークによって成立していることは、とうに常識となった。

しかし、理論的には、技術者及び管理者に注目した「新しい社会運動」論は、オイルショック後の新自由主義と「新中間層」論（村上泰亮ら）に十分太刀打ちできなかった。西欧のような環境政党の国政進出、原発に対する歯止め（代替エネルギー推進）の現象も見られない。それでも、阪神淡路大震災後のヴォランティア、安保法制に反対する「パレード」の「明るさ」は、安藤丈将の言うように日本の社会運動の変化を示すのかもしれない。今後の検討課題である。

†小熊英二『1968』批判

現代史、とくに同時代史を書くことは難しい。大学闘争のテーマでは当事者が健在（七〇歳前後）であるため、その膨大な証言を集め、検証しなければならない。しかも、六〇年安保闘争までは社会党、共産党、総評、全学連の枠組みでおおよそ総括可能であり、史料としては指導者の証言でもこと足りた。しかし、全共闘以降の社会運動は個人中心のアナーキーな運動となったから、そうもいかない。さらに、左翼運動の思想的拠り所であったマルクス主義の権威がソ連崩壊によって最終的に失墜し、大多数の元活動家も離反したから、その後の回想を読む場合にはバイアスに留意しなければならない（「もともと新左翼の理論なんて幼稚だった」等の結果解釈的自己正当化）。

小熊英二は序章で当事者インタヴューをしなかった理由として、回想ゆえのバイアスを指摘している。だとすれば、書かれた回想も同様に排除すべきことになり、少なくとも、慎重な史料批判をすべきである。東大闘争に即して言えば、山本義隆、今井澄、最首悟、柏崎千恵子、大原紀美子らが闘争中ないし直後に記したものと、小阪修平、船曳建夫らの後年の回想がいわば同列に扱われている。特に民青活動家の場合「新日和見主義」批判を経て東大闘争と共産党中央に対する立場が大きく変化したから、大窪一志や宮崎学を引用する場合は吟味が必要なのである。

小熊は先行する著作『民主と愛国』でも、大衆運動、社会運動をイデオロギー的に解釈するのではなく、社会学的分析をふまえ「時代思潮」を浮き彫りにして説明する方法に特徴があった。本書ではおおむね次のような説明である。「団塊の世代」が大学に進学することによって、高度成長期の社会と教育の矛盾を感じていた学生のアイデンティティ・クライシスが一挙に表面化し、大学闘争の質が変化した。当局と闘って「身の回りの」要求を実現するばかりではなく、むしろいかに「主体的に」闘うかが重要であった。東大全共闘の場合には、エリート性の「自己否定」という思想運動に純化され、以後の大学闘争のモデルとされた。闘争の目標を、さらには理論も言葉も失った全共闘の学生は、大学闘争で、反戦運動でも社会運動でも「自分探し」をしていたのだ、と。

実は「自分探し」概念は目新しいものではなく、当時すでに社会学者の高橋徹が指摘し、八〇年代には上野千鶴子が若い女性の現状を表現するのに用いていた。何よりも評者が問題にしたいのは、当時の運動は、この言葉が示すような内向的なものではなく、「想像力が権力を取る」(フランス「五月革命」の指導者D・コーンバンディ)という言葉に代表される、旧来型の革命運動、社会運動に代わるものの追求をめざしていたことである。対抗文化(プロテスト・ソング、長髪とジーンズ)やコミューン(生活共同体)の試みも含めて、資本主義管理社会と「社会主義」官僚国家に異議を唱えたのである。

それはマルクス主義の革新を迫るもので、新旧左翼のモデルであるレーニン主義をいかに超えるかが真剣に検討された。西欧ではA・グラムシの市民社会論と「陣地戦」論(電撃的権力奪取ではない革命の準備)が、日本では平田清明の『資本論』フランス語版の読み直し、「個体的所有」の発見による市民社会論が、新左翼の少なくとも一部を惹きつけていた。安藤紀典による『大学革命の原理』(一九六九年九月)は、フロント「大学革新」論の社会革命論的再生の試みである。

残念ながら、大学闘争と七〇年安保闘争の急進化、街頭騒乱傾斜により新左翼諸党派の教条レーニン主義への純化と一部の軍事路線化ばかりが目立ち、「連合赤軍事件」をもって新左翼は破産したと言われるようになった。マスコミが当時そう報道し、本書もそうしたバイアスに乗った議論を展開しているのは遺憾である。

そして連合赤軍事件について言えば、これを全共闘運動の帰結のごとく語る吉見俊哉（『ポスト戦後社会』岩波新書、二〇〇九年）にはむろん賛同できないが、そこに「全共闘運動のリゴリズム」を見出す本書の立場にも同意できない。軍事路線化した一握りの自称「前衛」が権力に追い詰められたときにとった行動であり、戦前及び戦後の軍事路線期の日本共産党にも見られた、あくまで党派固有の現象である。リゴリズムは、アナーキーな個人主義を自認したノンセクト・ラディカルには無縁だった。反省すべきは、反スタを掲げる新左翼諸党派のスターリン主義的体質（革命と前衛のための滅私献身といったモラリズム、反革命との闘争の名による粛清と内ゲバ）であろう。

本書の東大闘争経過の叙述は、細かな点を除けば、おおむね妥当である。六八年一一月公開予備折衝こそが分岐点であり、「東大解体」路線を走るノンセクト・ラディカルと、七〇年安保闘争に向けて左翼性を競う諸党派のベクトルの合力が当局との対話拒否をもたらしたという解釈も、当局に対する学生の不信がこの時点までに極点に達していたことを併せて指摘すれば、当事者たる評者の実感とも合致している。ただし、ごく一部の官庁就職内定法学部生の発言「留年したって、ぼくらを採用しなければ役所が困る」を根拠に、

「特権意識になかば支えられたかたちで、闘争体制と全学ストが表面的にせよ維持された」とする評価は、あまりにも外在的である。全共闘学生に対してはむろん、最後にはスト解除派になったものの、彼らなりに悩んだ学生に対しても失礼というものであろう。

このように本書は長所・短所がないまぜになっているのだが、総じて「時代思潮」の追求が理論の軽視（社会運動の単なる反映程度のもの）と表裏一体になっており、脱イデオロギーの今日からの遡及的歴史解釈になっていると評したら酷であろうか。

†安藤丈将『ニュー・レフト運動と市民社会』批評

安藤丈将の議論は、戦後の社会運動を長いスパンで捉え、一九六八～六九年大学闘争ないし全共闘運動を、今日に至る社会運動の中に位置付けたこと、「新左翼」という表現を避け（党派と狭く解される）、「ニューレフト運動」概念で市民運動（べ平連）、学生運動、反戦青年委員会を説明し、その後の変容をも分析したことに特徴がある（反戦青年委員会の分析は弱い。樋口圭之介『六〇年代社青同（解放派）私史』は党派色があるものの、参考にはなる）。

安藤によれば、「ニューレフト運動」は一九五〇年代後半以降の先進工業社会で「規律化」＝「管理社会化」に反対する若者の運動として発生した。日本では高度経済成長の中で「社会の一歯車」として生きることに疑問を抱き、また当時進行していたアメリカのヴェトナム侵略戦争を見過ごせないという思いが広がっていたことが指摘される。六〇年安保闘争は新左翼諸党派の出発点ではあったが、広義の社会運動としての「ニューレフト運動」は一九六七年一〇月の羽田闘争、一九六八年一月の佐世保闘争をもって開始されるという見方である。

この意味で、安藤の戦後社会運動史は前史が著しく簡略化されている。六〇年安保闘争は、全学連主流派にとっては社会党、共産党、総評など「安保改定阻止国民会議」の枠組みを超えた実力闘争であったこと（五九年一一・二七から六〇年六・一五まで）、それが、学生の先鋭な行動は労働者階級を起ち上がらせるという「学生＝先駆性」論で説明されたことも触れられていない。それだけに、闘争後の夏休みに実施された「帰郷運動」の叙述が宙に浮いている感を免れない。

ましてや、一九四八年に結成された全学連は共産党の独占的指導下にあったこと（「緊密な関係」どころではない関係）、五〇年のコミンフォルム批判による共産党の分裂と軍事路線の採用、武装闘争の実行は青年・学生運動を混乱させ、五年後の六全協（第六回全国協議会）における党中央による「自己批判」の際に多くの活動家に「青春を返せ」と言わしめたことも言及されていない。しかし、学生は「小ブルジョアに過ぎない」として、労働者階級のために献身することを強いる共産党の体質はその後も変わらなかった。右の「帰郷運動」は五三年以来、所感派主導の全学連の夏期休暇中の正式な方針となったもので、「山村工作隊」のソフトな繰り返しと言えなくもない。

さて、「ニューレフト運動」が羽田・佐世保闘争をもって開始されるというのは、安藤によれば以下の理由である。第一は、警察機動隊との衝突がアクティヴィスト（安藤は「活動家」ではなく、こう言う）に、闘争の「リアル」を実感させたからである。第二は、羽田闘争における山崎博昭の死がアクティヴィストに象徴的な目標（彼のように「死を賭しても」闘う決意）を与えたからである。第三に、この闘争では市民も、学生がゲバ棒程度のもので完全装備の訓練された機動隊に立ち向かうことに心情的な支持を与えたからである。

安藤は当然にもゲバ棒程度の実力闘争と後の武装闘争とを区別しているが、反面、柏崎千恵子のゲバルト行使による「自己の存在確認」を否定していない。こうした風潮の背景として、当時中国では「文化大革命」＝武闘賛美があり、ラテン・アメリカの反米武装闘争におけるチェ・ゲバラへの「英雄崇拝」もあったことは指摘しておかねばなるまい。

安藤は、この「ニューレフト運動」アクティヴィストが東大・日大を頂点とする大学闘争をも牽引したと理解し、そのように記述している。従来の大衆運動論では、六〇年安保闘争のようにとかくリーダーに焦点が当てられがちだったから、厚くなったアクティヴィストの層に注目するのは当然であろう。しかし、東大・日大闘争ではさらに広範な学生が起ち上がり、安田講堂や両国講堂を埋め尽くして最高当局者を追及し、無期限ストライキを成立させたことに鑑みれば、アクティヴィストを支える「ノンセクト大衆」の存在を無視するわけにはいかない。

たしかに、日大の場合は、いったんは劣勢に立たされた古田会頭が佐藤政権と右翼体育会の支援を得て全共闘を潰しにかかり、東大の場合は加藤総長代行が「入試実施」を至上命題に民青と「秩序派」学生を引き入れて闘争収拾をはかり、全共闘を警察力によって排除した。その意味では両全共闘とも敗北を余儀なくされたが、少なくとも六八年後半は「ノンセクト大衆」が闘争を支え、キャンパスを「解放区的空間」に変えたことは疑いない。

今ひとつ気になるのは、「ニューレフト運動」の思想＝「自己変革」を、日大闘争では

「自己解放」、東大闘争では「自己反省」と区分けしている点である。この区分けは、日大闘争が古田ボス支配と右翼体育会暴力支配からの解放だったと言う限りでは当たっている。しかし、東大闘争で当事者が好んで用いたのは、より過激な「自己否定」であった。そこに将来のエリートを約束された東大生の特権意識の裏返しを見ることはたやすい。しかし、そう表現して自らを問い、思い詰めたことも事実なのである。日本語の表現としては穏健な「自己反省」(U・ベックの表現)を用いるのは不適切で、「自己変革」さえ当事者の実感からずれている(全共闘ではなく、むしろ民青系が使った言葉)。

安藤の著作のメリットはむしろ、ポスト全共闘の「ニューレフト運動」の叙述にある。まずは「警察のポリシング(取り締まり)戦略」の説明が、従来声高に非難はしても誰も真剣に検討してこなかったテーマだけに、貴重である。警察も力ずくの取り締まりの限界を知り、地域のコミュニテイ(商店会、町内会)に働きかけ「過激派の迷惑」論で結束させて協力を取り付けた(もはや羽田や佐世保の住民のような同情をさせない)。さらにはアパート・ローラー作戦で町内会に相互監視を求め、「過激派を洗い出す」ことも徹底した。

こうしてアクティヴィストにとって、バリケードを解除された学内にも、警察と地域の眼が光る街中にも居場所が少なくなった。『日常性』の自己変革の原則を忠実に生きれば生きるほど直面する困難のために、行き詰まってしまった。この行き詰まりを打破するため、さらなる直接行動を実践したとしても、警察に厳しく管理され、メディア上で『過激派』という批判を受けるだけであった。彼らをさらに絶望的な気分にさせたのは内ゲバ事件で運動の仲間同士が傷つけ合ったことを知った時である……」。

第四章「一九七〇年代のニューレフト運動」は書かれたことが少なく、分散的になったため全体像が摑みにくい中で、よくフォローしている。七〇年代初めの、運動から離れて少なくなったアクティヴィストの言葉「シコシコやっていこう」は時代の気分を巧みに表現しており、評者自身も使ったことがある。街頭闘争でもバリケードでもない、目立たないが、それぞれのテーマで地道に活動しようという態度をいくらか自嘲的に語ったものである。

その出発点は「寺小屋」（寺子屋と掘立小屋からの造語）と「自主講座」であり、後者は宇井純「公害原論」でよく知られていた。そこから公害現地（水俣など）に出かけ、被害者と生活を共にするアクティヴィストも生まれた。三里塚も新空港建設反対の実力闘争ばかりが注目されたが、有機農業に協力、従事する者も出てきた。全共闘の観念的な、ともすれば空回りする運動から「日常性の変革」を実践するような活動への移行を意味している。

優生保護法改悪反対闘争を経た女性アクティヴィストは、「アジアの女たちの会」を結成し、日本の経済侵略と買春観光（とくに韓国キーセン観光）を告発するようになった。また、ふだん食しているバナナがフィリピン農園における外国資本による搾取の産物であることを問題として取り上げた活動、これに続く「日本ネグロス・キャンペーン委員会」運動は、従来のヴェトナム反戦運動における「連帯」の観念的性格を超えて、生活に根ざした運動となった（日本の生活協同組合とも連携）。

第五章「『新しい政治』の不在とニューレフト運動」は、他方で日本の「ニューレフト運動」が西欧におけるような「緑の党」をはじめとする環境保護政党を生み出さなかったことを指摘する。反戦青年委員会は社会党によって、伝統的な社共・総評の「平和運動」の枠内に抑え込まれ、急進的なアクティヴィストは排除された。フェミニストは、そのウーマン・リブの出発点から男性による「家父長制支配」批判、この意味での「日常性の変革」が長らくメインで、議会進出をためらった。

また、住民運動や反核運動も依然として社共・総評の影響下にあり、米ソの中距離核戦力欧州配備をめぐる対立が「世界の終末時計」の針を大きく進め、欧州・日本で数十万規模の抗議、「ダイ・イン」があったときでさえ、そうだった（一九八二年のこと。原水爆禁止日本国民会議は社会党、原水爆禁止日本協議会は共産党の指導下にあった）。反原発運動が自立的になるのは、チェルノブイリ原発事故（一九八六年）後のことである。

安藤は著書の総括に、「ニューレフト運動」の遺産として、①生き方の問い直しの思想が「市民の力」の源泉になったこと、②しかし、政治制度に及ぼした影響は限定的だったこと、③日本の市民社会に直接行動への嫌悪が広がったことを挙げている。真っ当な指摘であろう。そして、二つの大震災を経験した日本の市民社会に「新しい運動文化」が育ちつつあることも指摘している。ヴォランティア文化と「楽しいデモ・集会」の二つで、ニューレフトのような倫理的・内省的な性格（生真面目さ）を持たない。安藤の表現によれば、「過度に重苦しくならず、『ゆるさ』を大切にして、生き方を変えるという長い道のりを楽しみながら歩む」のである。

市民運動を研究し、実践した故篠原一はR・ダールの用語「それなりの市民」を紹介したが、「完璧な主義者」はむろん、「理想の市民」を求めることに対する警句である。

†小杉亮子『東大闘争の語り』批評

まず小杉亮子は第一章「本書の課題」の中で、1968（彼女の表現）が欧米ではよく研究され、優れた著作も出されてきたのに、日本では何故そうではないかと問う。従来の研究が少ないばかりか、東大闘争が次の世代に継承されなかった理由として、①マスコミによる矮小化（安田講堂攻防戦に焦点が当てられ、暴力や内ゲバのみが強調される）、②種々の「史観」によるバイアス（共産党、新左翼諸派、市民運動）、③警察による監視と封じ込めを指摘している。

①はよく知られていることで、評者が付け加えることはない。③については当事者として実感してはいたが、あまり強調したくない理由だった。小杉はこの点で、先行研究者の安藤に負うところ大であると断っている。②は、夭折した社会学者道場親信が命名、整理したもので、「革新史観」、「市民運動史観」、「新しい社会運動史観」が運動の事後表現として継起的に登場し、新しい運動が先行する運動の欠陥を克服したと評価されがちだという。しかも、日本の場合「新しい社会運動」そのものに理論が先行したため、「新しい社会運動へと連続するはずだった運動」ということになる。山本義隆『私の1960年代』や私の「大学闘争四〇年に想う」にも、そのような思い込みが見られると批判されているわけである。

「先行研究の限界」では、小熊の著作の「社会の激変によってアイデンティティ・クライシスに陥った若者たちが集団で繰り広げた『〈自分探し〉運動』」だった、「政治運動としては拙劣」だったとする結論に疑問を呈している。また、小熊とは反対に一九六〇年代学生運動に肯定的な安藤の著作に対しても、「当時の若者たちの重要な参照枠となっていたマルクス主義思想や左翼革命運動への言及がほぼない」と批判的である。

「本書の観点」では、「新左翼には関わってはいなかったけれども問題意識を持った学生たちと社会運動との関連が問われてこなかった」し、「ノンセクトがマルクス主義思想や新左翼党派に寄せていた関心や親近感、……共闘した理由が十分に掘り下げられてこなかった」ことを重視するという。そして「戦略的政治と予示的政治」という対立する運動文化を分析視点とすることを明らかにする。「予示的政治」は一九九〇年代以降の反グローバル化運動に現れた考え方で、社会運動では、戦略・戦術よりも未来社会のあり方を予め示すことが重要で、「仲間や同志との関係性やこのとき・この場での行為そのものが変革を構成している」と把握する立場である。

第二章「方法論」では、資源動員論などの構造的アプローチとは異なる文化的アプローチをとるという。構造的アプローチのように人々を集合行為に至らしめる共通の利害関心を所与とせず、文化的アプローチでは参加者の運動に対する意味づけや思想・イデオロギーの相互作用によって集合性が形成される過程を解明する。また、参加者の目標設定や戦略・戦術の選択肢を規定する「運動文化」にも着目するものである。さらに、参加者の動機が「団塊の世代の反乱」といったステロ・タイプにはとうてい収まらない多様なものであることを示すために生活史（幼少期から東大闘争までどう育ち、それが闘争にいかに影響したのか）を聴取する。

第三章「人間的基礎をたどる」はその生活史インタヴューと解釈である。学生に限定すれば、一九四五年から四九年までに生まれた彼らは（一浪の四年を含む）、むろん戦後の貧しい時期に生まれ（個人の貧富差は様々）、学校では「民主教育」を受け、日教組の教員に影響され、また先の大戦の話を聞き、朝鮮戦争からヴェトナム戦争に至る戦争を報道で知って批判意識を持ったというのが共通項であろう。

第四章「一九五〇〜六〇年代の学生運動文化とその変容」では、学生運動の伝統的なスタイル、すなわち、学習（党派からするとオルグ）、ビラ作りと配布、クラス討論と自治委員会、学生大会での議論、デモや集会への参加がインタヴューを通じて確認される。新左翼諸党派の活動とノンセクト活動家の登場、党派選択の論理もインタヴューで確認されていくが、党派選択には高校時代の運動経験、駒場サークルの傾向（総じて民青が強かった）、駒場クラスのオリエンテーターや友人との関係といった多様な契機があった。

第五章「東大闘争の発生過程」、第六章「東大闘争の展開過程」、第七章「東大闘争の収束過程」は逐一紹介する紙数もないし、必要もなかろう。第六章で言えば、一一月加藤執行部との交渉＝団交をめぐる全共闘と民青のヘゲモニー争いと図書館前での武闘、民青に対する共産党中央の介入による対当局収拾・対全共闘武闘方針の押し付け、スト反対派学生の結集、加藤執行部と全共闘との最後の公開予備折衝をめぐる動き、ノンセクト・ラディカルの本格的登場、七学部集会＝大学と民青・秩序派連合の妥結と安田講堂攻防戦の過程がインタヴューを交えて生き生きと再構成されている。インタヴューでは、全共闘学生の「折衝」決裂の予感と全共闘の暴力的排除への不安（まだ安田講堂立てこもりは想定されていない）、民青派学生の党中央による介入と指導権剝奪に対する当惑も言及されている。

ここで、四四人のインタヴューについて一言。そこには、よくありがちな「開き直り」や「自己正当化」に類するものが一つも見受けられない。資料集をはじめとする事実に裏付けられた質問を用意し、インタヴュー相手も精選したからであろう。しかも、四四人は民青、新左翼、ノンセクトからバランスよく構成されている。最も長くストライキを闘った文学部、中でも著者をサポートした福岡安則が所属した社会学科の学生が多いのは当然であろう。

第八章「グローバル・シックスティーズの中の日本」は、一九六〇年代にアメリカから始まり、フランス、西ドイツ、イタリア、日本と先進諸国を席巻した学生運動（スチューデント・パワー）を主として歴史学からアプローチした議論の紹介である。

ここでは学生運動の広がりに貢献したジャズやロック、前衛芸術等の文化交流、米国と西独のＳＤＳ（「民主的社会のための学生連盟」と「社会主義ドイツ学生同盟」）交流をはじめとする運動交流、先進国と発展途上国の間でもあった運動交流が紹介されている。「ニューレフト」という用語の定着に欧米と時間差があったこと、日本の学生は外貨利用制限もあって海外渡航と交流の機会が少なかったこと、発展途上国の運動に対する関心が低かったことも指摘されている。

第九章「社会運動の予示と戦略」は、この視点から東大闘争がその後の学生運動と社会運動に何をもたらしたかの考察である。

まず東大闘争の担い手を民青、新左翼、ノンセクトにグルーピングすることは当然のようだが、局面やイッシューによっては必ずしも妥当ではない。さらに、自治会民主主義の手続きを尊重するか、戦術的手段としての暴力を認めるか否かで、「民青対全共闘」に括られるのが普通だが、それでは東大闘争の卑俗な解説にはなっても、その思想的意味、過去に類例を見ない学生の主体的参加を説明できない。

「戦略的政治」とは、大学闘争を政治目標（将来の革命）への手段ないし道程と見る共産党・民青及び新左翼の立場である。他方には「いま、ここの場での変革こそが将来を切り拓く」＝「予示的政治」を追求するノンセクト・ラディカルがいた。この「予示的政治」が闘争敗北後も形を変え、別の場で生かされたことは、安田講堂攻防戦以降の後退期におけるノンセクト・ラディカルの「定着」に示されている。

一九六〇年代学生運動の歴史的特異性は、以下の点にある。第一に「左翼学生運動文化に対する批判を通して予示的政治志向の学生を多く生み出した。その結果、彼ら彼女らのライフコースを通じて自分がいる『いま、この場で』社会規範や権力関係を問い直す多様な実践を営み、また障害者の自立生活運動やマイノリティ、女性解放、反公害、環境などの運動を担う社会運動参加者が生まれた」。第二に「一九六〇年代学生運動における学生間の深刻な対立を通じて、戦略的政治を志向し、制度政治上の変革をめざす層と、予示的政治を志向し、生活の場や小集団での試みを実践の場とする層という、深い分断と対立をはらんだ、ふたつの社会運動参加者層が形成された」。

終章「多元的アクターの相克と主体化」は、文字通りのまとめである。本書の意義は、第一に「等身大の一九六〇年代学生運動参加者像を描写しえたこと」、第二に「ひとつの史観からは見えてこない、より立体的な一九六〇年代学生運動像を提示したこと」、第三に「社会運動における非日常性が持つ創造性とそのなかに顕現した予示的政治の可能性を提示したこと」である。

今後の課題としては、アジアの1968像を提示すること、本書の成果の上に「新しい社会運動論の再構成という観点から一九七〇年代以降の社会運動史を再構成すること」と述べて本書は閉じられる。

このように、小杉は前史と事後史に目配りしながら東大闘争に対象を絞って論点を明確にし、インタヴューで事実経過を生き生きと再構成しながら、「戦略的政治と予示的政治」の視点を貫いたと言える。私が新旧左翼とノンセクト・ラディカルの違いを「政治革命か社会革命か」「政治の優位か思想の優位か」と稚拙に表現したことを、小杉が「戦略的政治と予示的政治」という洗練されたタームで社会学的に説明した点は高く評価したい。

ただし、この概念の拠り所である二つの文献（グレーバー、ホロウェイ）が言及したメキシコのサパティスタの「権力をめざさない自治的な反グローバリゼーション運動」の実情に関する説明がほしかった。一方はアナルコ・サンディカリズム、他方は「自治社会論的」マルクス主義（マルクスは「直接生産者の自由なアソシエーションの連合」をめざしたはず）の立場だが、その思想的説明も必要だったと思う。

と同時に、ノンセクト・ラディカルといっても、六〇年安保世代はむろん、より若い世代の一部も党派経験を持ち、そこまでいかなくとも左翼の語りを身につけていたため、左翼の語りで左翼を批判していた点は指摘しておく。彼らがそれを払拭するのは七〇年代の社会運動においてか、最終的にはソ連崩壊時点か、これも今後の検討課題であろう。

2 歴史家の見方

歴史家はしばしば「歴史は繰り返す」と思うことがある。スターリニズムを研究してきた著者は、共産党の一九五〇年分裂、スターリン批判後の共産党からの新左翼諸派の分裂、大学闘争後の新左翼の細分化・少数化を見ても、五〇年代前半の共産党による武装闘争、七〇年代前半の新左翼による武装闘争を見ても、そう考える。全共闘ノンセクト・ラディカルでさえ、左翼運動の負の遺産を引きずっている。

「吊し上げ」の歴史

「吊し上げ」と言えば、大学当局者＝教授に対するそれが思い浮かぶ。東大で有名なのは、六八年一一月の林健太郎文学部長の責任追及（缶詰団交）、六九年の大内力《つとむ》経済学部長（総長代行代理）責任追及（屋外集会）である。むろん、彼らには追及されるべき理由があり、学生の憤りにはもっともな点が多かった。

しかし、そこに全共闘の活動家、とくにML派が「造反有理」を振り回して中国の「文化大革命」を模倣した点があったこともたしかである。一九六六年以来中国では、劉少奇国家主席、鄧小平党総書記、彭真北京市長らが公開の集会で紅衛兵に「資本主義の道を歩む実権派」として罵倒、侮辱されたが（劉はその後獄死）、六八年まで進むと、これが自発的な運動＝「反官僚革命」ではなく、毛沢東や「四人組」が仕掛けたことも明らかになっていた。

しかし、先例は日本にもあった。一九四〇年代後半シベリア各地の収容所で、ナホトカの送還収容所で、ソ連社会主義とスターリンに傾倒した「民主運動」活動家が、軍国主義思想を捨てられない将校、下士官を集会の壇上に立たせ、罵倒し、小突き回し、兵士いじめの自己批判を迫った。この吊し上げはロシア語にさえなり、収容所長の中には「行き過ぎ」を抑える者もいたほどである。たしかに、収容所でも旧軍の階級制度が維持され（労働の効率的指揮のためソ連も容認）、「内務班」的暴力がまかり通ったことに対する「反軍闘争」は当然だった。しかし、吊し上げのような非人間的行動は、かえって「民主運動」に対する信頼を落とす結果になったのである。

なお、「吊し上げ」の由来は判然としないが、抑留帰還者の野崎韶夫《あきお》（満鉄調査部にいたソ連通）が『文藝春秋』一九四九年一二月号に書いたエッセイによると、沿海地方第五三収容所の政治部長G中佐はこう言ったそうである。「たった一人を十重二十重に取り囲んで罵詈《ばり》讒謗《ざんぼう》を浴びせかけ、挙げ句の果てはスクラムを組んで小突き回す。あれは立派な私刑《リンチ》だ。今日限り厳重に禁止する」と。また「ソ連にも『批判―自己批判』はあるが、あんな光景は見たことがない。もしかしたら日本軍隊に、あれに似たようなことがあるのではないか」とも付け加えたという。

実は、ソ連にも同様な現象があった。一九二〇年代末期から非党員専門家に対して青年労働者を動員して「サボタージュ」「破壊工作」を批判するキャンペーン（集会と裁判）が行われ、批判された専門家は自己批判し、罪状を認めた。三〇年代半ばには「批判と自己批判」はスターリン主流派に同調しない、面従腹背と見られた幹部党員（ジノヴィエフ、カーメネフ、ブハーリンら）に向けられ、彼らは「見世物裁判」にかけられ、拷問の末に有罪を認め、銃殺もしくは収容所送りになった。

日本軍では上官の公然たる暴力と内務班での（下士官による）陰湿な暴力が「教育」の名のもとに行われ、ソ連軍では少なくとも建前上禁止されていたから、G中佐は右のように述べたのだろうが、少なくとも形態は異なっている。こうした暴力に対する兵卒の「意趣返し」「復讐」の感情が爆発して「吊し上げ」という数を頼んだ暴力の形をとったと解すべきであろう（ソ連側が自分たちの「批判―自己批判」のやり方を教唆した可能性はある）。

†再び暴力について

暴力の行使については第一章でも述べたが、若干補足したい。五〇年代前半の日本共産党による軍事路線、武装闘争を肯定する人はもはや誰もいない。現在の共産党も、これを野坂参三・徳田球一指導部の誤りであり、五五年の六全協で極左冒険主義を自己批判したと処理している。

しかし、六全協以降に党主流を批判し、やがてブントに結集した活動家は、宮本主流派の「平和革命」論傾斜（ただし「敵の出方」次第という条件付き）に反発し、五六年のソ連におけるスターリン批判に飽き足りず、レーニン主義に先祖返りしてしまった（スターリンによる解釈ではなく、トロツキーによる解釈に）。実は五〇年分裂時に「国際派」に属した東大細胞（支部の古い呼称）の力石定一（のち構造改革派の経済学者）は、少数意見ながら「平和革命」を考えていた（国際派機関誌『理論戦線』五二年六月）にもかかわらず、である。

ブント以降の新左翼諸派は、社青同解放派、構造改革派を除いてトロツキー理論ベースの反スターリン主義を掲げ、六〇年代後半の反戦闘争＝実力闘争を次第にエスカレートさせ、武装蜂起を掲げる赤軍派を生み出すに至った。五〇年代の共産党所感派は、中国革命勝利の現実と朝鮮戦争による南部解放の期待に未だしも支えられていたが、六〇～七〇年代に「鉄砲から政権が生まれる」という毛沢東の言葉を掲げる活動家は、中国における土地革命という重要な背景を忘れているのみならず、先進工業国ではおよそ非現実的であることを理解していなかった（西ドイツ赤軍派やイタリア「赤い旅団」によるテロの失敗で明らかである)。

著者はロシア・ソ連史研究者として、長いことレーニンにおける暴力を考えてきた。本書第三章の原文(一九七一年七月執筆)には、内戦=戦時共産主義期の赤色テロルを革命の成果を守るための「必要悪」として擁護した文章があった。そこでは弁護のために、ゴーリキーの『追憶』からレーニンの次の言葉を引用もしていた。ベートーヴェンのピアノ・ソナタ「アパッショナータ」を聴いて「こんなにも美しいものを作ることのできるひとびとの頭を撫でてやりたくなったりする……。だが今日では……無慈悲に打たねばならない。よしんば理想において、ひとびとに加えられるあらゆる暴力に反対であるにしても、フム、フム。義務というものは、地獄のようにつらいものですよ」。

しかし、ペレストロイカ期にレーニンが白軍(反革命派)を支持するコサックの村を焼き討ちにせよという命令を自ら下した文書が公開されて、著者はレーニン観を変えた。レーニンがテロリズムを革命の主要戦術にしたと言って批判した相手、ナロードニキ急進派のテロの方がマシであった。皇帝に爆弾を投げようとした時に幼い皇太子が側にいるのを認めて投げるのを断念した、無差別テロはしない最低限のモラルを持っていたからである。

レーニン主義は、マルクスの階級闘争論(暴力=「革命の助産婦」論を含む)を拡大し、

「戦略」「戦術」等の軍事用語を持ち込んだ革命論であった。スターリンが「同盟軍」「予備軍」といった用語を付加してマルクス主義の「軍事化」を促したことは、すでに述べた。「ボリシェヴィキに落とせない要塞はない」といった比喩、共産党の組織的あり方を表現する「鉄の規律」は日常的に用いられ、いわば「党の兵営化」が進められた。「一国社会主義」の被包囲状況（兵営国家化）もあって、そこから反対派に対するテロルが常態化したのは見やすい道理である。

軍事的志向の色濃いレーニン主義は日本共産党、ついで新左翼諸派にも継承され、毛沢東派や赤軍派の暴力革命路線、武装闘争方針を生み出した。全共闘ノンセクト・ラディカルの中にさえ、ヴェトナムやラテン・アメリカの民族解放戦争に刺激されて暴力行使に過大な意味付与をする者がいた。

†「人民の中へ」再考

著者は第一章で、一九世紀半ばのロシア知識人による「ヴ・ナロード」（人民の中へ）運動に言及し、全共闘活動家が「自己否定」した自分の進むべき道として、労働運動や住民運動、反公害運動等に参入していったことを指摘した。中には、安藤丈将著が紹介しているように、住民たちに「ありがた迷惑」視されるケースもあり、挫折して引き揚げてきた者もいた。一〇〇年前のロシアの貴族や雑階級人（教師、文筆家など）もまったく同様で、いわば「罪滅ぼし」の思いで農村に入ったところ、身分の違いもさることながら、文字も読めず難しい言葉（当時だと専制、農奴制等）も分からない農民に「説教」しても相手にされなかった。

同じ現象が日本の共産主義運動でも見られた。一九二〇年代「新人会」その他出身の学生は、卒業後あるいは中退して自らの「小ブルジョア性」を払拭すべく労働・農民運動に飛び込んだが、一部の共産主義者を除けば成果を挙げられなかった。天皇に対する宗教的畏敬が浸透している民衆に「天皇制廃止」を訴えても「アカ」として相手にされないか、警察に突き出されるかであった（一九二五年治安維持法成立）。

戦後も、学生運動（一九四八年全学連結成）の主導権は共産党が握っており、「小ブルジョアたる学生は労働者階級に奉仕すべきである」という考えが強かった。第一章で触れたように、武井委員長は「層としての学生運動」を擁護したが、コミンフォルム批判により軍事路線、武装闘争方針が取られると、学生は中核自衛隊（党直轄の武装行動隊）や山村工作隊の要員にさせられた。占領軍主導の農地改革が不十分だとし、とくに山林地主が土地没収を免れたという認識に立って三多摩の山村に入った学生工作隊員たちも、大部分は「何しに来たんだ」と追い返された。

レーニン、スターリン、毛沢東は、一方では共産党の「前衛」性を説きつつ、他方では「大衆に学ぶ」ことも強調した。彼ら自身が労働者階級出身ではない一種の劣等感も働いたかもしれないが、「大衆に学ぶ」はしばしば中間幹部への助言または批判の常套句でもあった。もはや、「党と大衆」関係という問題の立て方自体を批判した全共闘ノンセクト・ラディカルにとって、この意味での「大衆の中に入る」という発想は無縁だった。それでも「自己否定」の実践として、世間から注目されない、地を這うような運動に入ったということは、ナロードニキ的な「負い目」を感じたためであろうか。

すでに一九七〇年代あたりからの左翼の分裂と後退、「新しい社会運動」の登場により、従来の「戦略的政治」は行き詰まったが、「予示的政治」をはらんだ「新しい政治」も生まれてはいない。「前衛政党」「運動家・活動家」「大衆団体」「統一戦線」「階級闘争」に代わる「市民政党」「それなりの市民」「ヴォランティア集団」「ネットワーク」「反貧困・反差別・環境保護運動」が日本の政治を動かすのは、いつのことだろうか。たしかに、安藤が指摘する震災ヴォランティアのような「新しい運動文化」は、「可哀想な人々」に対する同情ではなく「自分がいつ見舞われてもおかしくない」共感、あるいは普通の人々(「それなりの市民」)の「共生」の実感と予感に基づくものであろう。まずは、ここに期待するほかあるまい。

ちなみに、私はマルクスの資本主義社会分析、レーニンの帝国主義論及び民族自決論、グラムシの市民社会論及びヘゲモニー論の意義は認めるが、ソ連崩壊後四半世紀余りの今日なお散見されるマルクス主義の観念的・教条的固守はやめてほしいと言いたい。

おわりに

本書のサブ・タイトル「ぼくたちが闘ったわけ」は私の発案ではなく、ふた回り年下の妻の提案である。彼女は文学部出身で、私の文学不得手をよく知っていて、抑留詩人の石原吉郎に関する論文を書いたときは、彼の詩やエッセイの読み方が間違ってはいないか、アドバイスしてもらった。今回も原稿に目を通してもらった最初の読者である。賛同したのは、今村教養学部自治会委員長のアジテーション（演説）が、党派活動家特有の「われわれはぁ……」ではなく「ぼくたちはぁ……」で始まったことを思い出したからである。

しかも、妻はThe Alfeeの三十数年来の熱烈なファンで、「遅れてきた世代」（大学闘争のとき中学生）の三人組（坂崎幸之助、桜井賢、高見沢俊彦）が歌う「Rockdom―風に吹かれて―」など、大学闘争をテーマとした曲にぞっこん惚れ込んだ「背伸びした女性」なのである。私が、アルフィーは「革命戦士」などという言葉を使うかと思えば、「風に吹かれていただけさ」という歌詞もあるので支離滅裂だねと言うたびに、「そう思うなら、ちゃんと話してよ」と、妻に二十数年来言われ続けてきた。安田攻防戦四〇年の日には、様変わりした安田講堂に案内し、昨年は佐倉の国立歴史民俗博物館の「さまざまな一九六八年」展示会にも一緒に出かけた。

安田講堂前にて（筆者と妻、2009 年 1 月）

今年は渡辺眸《ひとみ》さんの「東大闘争写真展」にも二人で出かけた。

「おわりに」らしからぬ話になってしまったが、本書を執筆した動機は、大学闘争五〇年あたりが、当事者の年齢というか元気さ加減を考えると、書く方も、最大の読者層が読んでくれるのも最後かなという気がしたからである。むろん、もっとも読んでもらいたいのは二十代、三十代の若者たちなのだが、彼らに通ずるかが心配である。

最近、若者の間で「コミュニケーション力不足」（略してコミュ力不足）という言葉が流行していると聞く。おじさんたちや大学教員が「昔はよかった」的なことを語ったり、世の中を批判したり（野党的なことを言ったり）するばかりで、若者から相手にされないことを指すらしい。富永京子『社会運動と若者』によれば、右のような年長者は「痛い」存在とされ、周りから浮いている自分に気づかず、若者には苦々しく思われているという。コミュニケーションの断絶とも言うべき事態だが、それでも年長者としては発信し続ける。

刊行を「ちくま新書」にお願いしたのは、西山隆行さん（成蹊大学法学部教授）が、編集部に紹介して下さったからである。松田健編集長には入稿前から厳しく言われ、難解な部分を削除し、分かりやすい用語解説を付すよう求められた。それでも、本書が「東大闘争のリアル」、皮膚感覚でつかめるレベルに達しているか、甚だ心もとない。

本書を、当時『毎日新聞』社会部記者として東大闘争を取材していた内藤国夫（一九三七〜九九年）に捧げたい。私が学者でなければ、新聞記者になっていたかもしれない、それほど強い影響を受けた人である。丸山眞男ゼミ出身の彼は筋の通った、気骨あるジャーナリストだった。私の卒業試験拒否宣言を「全共闘の鑑」と高く評価してくれた一人でもある。

二〇一八年一二月末日、故内藤国夫記者の思い出に

参考文献（年代順）

東大全共闘編『砦の上にわれらが世界を』亜紀書房、一九六九年。

東大全共闘編『果てしなき進撃』三一新書、一九六九年。

東大全学助手共闘会議編（撮影・渡辺眸）『東大全共闘　われわれにとって東大闘争とは何か』三一書房、一九六九年。

山本義隆『知性の叛乱』前衛社、一九六九年。

折原浩『大学の頽廃の淵にて』筑摩書房、一九六九年。

安藤紀典『大学革命の原理』合同出版、一九六九年。

大原紀美子『時計台は高かった』三一新書、一九六九年。

竹内芳郎「大学闘争をどう受けとめるか——全共闘の問題提起に応う」『展望』一九六九年五月号。

原沢謹吾・富田武「東大闘争の運動論的総括——東大闘争の普遍化と全国化のために」『現代の理論』一九六九年五月号。

アラン・トゥレーヌ『脱工業化の社会』河出書房新社、一九七〇年。

折原浩『人間の復権を求めて』中央公論社、一九七一年。

富田武「再びアカデミズムの門に立ちて——私にとって東大闘争とは何であったか」私家版（ガリ版刷）、一九七一年七月。

宇井純・生越忠『大学解体論』1〜3、亜紀書房、一九七五〜七六年。

特集「新しい社会運動　その理論的射程」『思想』第七三七号、一九八五年一一月。

今井澄・住沢博紀（対談）「全共闘体験と社会党・市民運動——ドイツとの比較のなかで」『月刊社会党』一九九四年二月。

NHKビデオ『戦後五〇年　その時日本は』第七巻「大学紛争　東大全共闘二六年後の証言」一九九五年。

武藤一羊「社会運動と分水嶺としての六八年」、フォーラム90s研究委員会編『二〇世紀の政治思想と社会運動』社会評論社、一九九八年。

丸山仁「『新しい社会運動』の可能性　その理論と政治的射程」前掲書。

小野一「教学としての『新しい社会運動』論」上（理論的ワク組みの外観）『工学院大学共通課程研究論叢』三七—一号（一九九九年）、中（エコロジー・環境保護運動）同三七—二号（二〇〇〇年）、下（フェミニズム・女性運動）同三八—二号（二〇〇一年）。

ガイ・ヤスコー「全共闘の思想」『アソシエ』第三号（二〇〇〇年七月）。

歴史学研究会二〇〇二年度大会報告・現代史部会「『一九六八年』と現代社会」『歴史学研究』第

七六八号（二〇〇二年一〇月）。

大野道夫「学園闘争の統計的研究と学生集団の事例研究——社会主義運動仮説と新しい社会運動仮説を対象として」、野呂大志郎編著『社会運動と文化』ミネルヴァ書房、二〇〇二年。

特集「六八年革命と全共闘」『情況』第三期第四巻第七号（二〇〇三年七月）。

島泰三『安田講堂　一九六八―一九六九』中公新書、二〇〇五年。

井関正久『ドイツを変えた六八年運動』白水社、二〇〇五年。

小阪修平『思想としての全共闘世代』ちくま新書、二〇〇六年。

内藤酬「全共闘の思想性」『季報　唯物論研究』一〇一号（二〇〇七年八月）。

川上徹・大窪一志『素描・一九六〇年代』同時代社、二〇〇七年。

富田武「大学闘争四〇年に想う　一当事者の社会運動史的総括」『季刊　現代の理論』第一八号（二〇〇九年新春）。

小熊英二『1968上　若者たちの叛乱とその背景』『1968下　叛乱の終焉とその遺産』新曜社、二〇〇九年。

富田武「あれは『自分探し』だったのか、異議あり」（右小熊著評）『季刊　現代の理論』第二一号（二〇〇九年秋）。

小田垣孝「四〇年目の大学解体　国立大学法人化を検証する」『世界』二〇一〇年一二月。

坂本義和『人間と国家——ある政治学徒の回想』（上・下）岩波新書、二〇一一年。

ノルベルト・フライ『一九六八年　反乱のグローバリズム』みすず書房、二〇一二年。

樋口圭之介『六〇年代社青同（解放派）私史』社会評論社、二〇一二年。

小杉亮子「一九六〇年代アメリカの学生運動の形成要因――バークレー闘争を例に」『社会学年報』第四一号（二〇一二年）。

安藤丈将『ニューレフト運動と市民社会――「六〇年代」の思想のゆくえ』世界思想社、二〇一三年。

山本義隆『私の1960年代』金曜日、二〇一五年。

高口英茂『東大全共闘運動の総括と社会主義社会への展望』芙蓉書房出版、二〇一六年。

富永京子『社会運動と若者――日常と出来事を往還する政治』ナカニシヤ出版、二〇一七年。

小杉亮子『東大闘争の語り――社会運動の予示と戦略』新曜社、二〇一八年。

田中ひかる編著『社会運動のグローバル・ヒストリー――共鳴する人と思想』ミネルヴァ書房、二〇一八年。

⑦連合赤軍浅間山荘事件：1972年2月連合赤軍（赤軍派と京浜安保共闘の連合）メンバー坂東国男ら5人が銃を持って、軽井沢の浅間山荘に管理人の妻を人質に立て籠もった事件で、銃撃戦の末9日後に全員が逮捕された。事件直前に妙義山中で逮捕された最高幹部の森恒夫と永田洋子らの自供から、リンチで殺害されたメンバーの死体が次々と発見された。反「過激派」キャンペーンの格好の材料となった。

た米国との間で起こり、核戦争瀬戸際までいった事件。フルシチョフ、ケネディがそれぞれの強硬派を抑えて核戦争を防いだ事件で、これを教訓に米ソ間にホット・ラインが設けられ、翌年部分的核実験停止条約が締結された。
③**日韓条約**：1965年佐藤政権と朴正熙政権の間で結ばれた基本条約と複数の協定。日本は韓国の政権を朝鮮半島で唯一の合法的な政権と認め、米国の冷戦政策に組み込まれ、北朝鮮との敵対関係を固定化した。日本は、韓国が植民地で敵国ではなかったため、賠償ではなく無償・有償の経済協力を行うことになった。韓国人には協定永住権を認め、共和国系朝鮮人との差別を固定化した。社共、総評、新左翼は反対したが、日本の帝国主義的進出を弾劾するだけの運動であった。
④**日本のヴェトナム戦争加担**：日本は米国の沖縄基地自由使用を認めていたから、米空軍機や米海兵隊が沖縄基地からヴェトナムへ出動するのを許し、また米軍に衣服・食糧を販売し、石油輸送に国鉄線路を深夜に提供するなど、侵略に加担した。その経済的利益は「ヴェトナム特需」と呼ばれた。
⑤**ケインズ主義的福祉国家**：1960年代西欧先進国に出現した福祉国家。「大きな政府」が金融・財政政策を通じて長期的な経済成長を実現するとともに、税制・社会保障を通じて所得再配分を実施し、貧富の格差を一定の範囲内に抑え、「社会的弱者」にも一定水準の生活を保障する国家。ただし、病者や高齢者、障害者を病院、福祉施設に閉じ込めるなど、社会に対する国家の管理が強まり、福祉受給者の国家依存も強まるマイナス面も見逃せない。
⑥**よど号ハイ・ジャック事件**：1970年3月田宮高麿率いる赤軍派9人が日航機よど号をハイ・ジャックし、乗客を人質に北朝鮮への飛行を要求し、韓国金浦空港で人質は解放されたが、運輸政務次官を身代わりに平壌入りした事件。赤軍派の塩見議長は直前に逮捕されたが、田宮らが北朝鮮を「革命根拠地」にすべく事件を起こした。在欧日本人の拉致にも関与したとされる。

した東大教養学部助教授。8.10大河内総長告示をはじめ大学当局の文書を明快かつ丁寧に批判して、学生、院生、助手からも信頼された。M.ウェーバーの専門家で、一般教授たちを「精神なき専門人」と呼び、ウェーバー学問論の最もラディカルな解釈を規範に行動した。闘争収拾局面でも最後に授業に復帰し、「開かれた大学」を追求した。

⑦**フェミニズム**：19世紀に生まれ、1960年代に理論的に整備された女性解放思想・運動。初期は女性の権利拡張、とくに参政権の獲得をめざすものだったが、やがて社会が男性による女性支配のシステムだと喝破して、経済的・性的自己決定を求めるようになった。日本では、大学闘争のバリケードの中で炊事係をさせられた女性が男性活動家を批判し、ピル解禁運動と結んで**ウーマン・リブ**運動が誕生した。80年代には米国から摂取した理論の支えを得て、ジェンダー＝社会的性差に基づく性別役割分業を柱とする家父長制的支配からの解放をめざす思想・運動へと発展した。

G　その他

①**安保闘争**：1951年の日米安全保障条約は、米軍に基地自由使用を許す一方、日本防衛義務がない片務的なものだったため、1960年高度経済成長の過程にある岸政権の意向により建前上は双務的な条約に改正された。国会では「極東の範囲」が論戦の中心で、「戦争に巻き込まれる」恐れから大規模な反対運動となり、岸による批准強行採決で民主主義擁護運動の性格も帯び、空前の規模に達した。1970年条約は自動延長されたが、沖縄返還協定が議論の焦点となった。米軍基地が集中し、ヴェトナムへの侵略拠点となっていた沖縄をせめて「核抜き本土並み」にという住民の願いは、佐藤政権による密約＝事前協議制の骨抜きによって無視された（72年返還）。

②**キューバ危機**：1962年10月下旬、カリブ海でキューバにミサイルを搬入しようとしたソ連と、これを阻止しようとし

指導者。ムッソリーニ政権下で投獄されながら、市民社会に根を下ろした「陣地戦」、支配階級に取って代われるような党のヘゲモニー（同意獲得）など、レーニン主義の枠内だがユニークな革命論を打ち出した（1937年獄死）。

②**実存主義**：20世紀のヤスパース、ハイデガー、**サルトル**に代表される哲学潮流。人間の存在を、マルクス主義のように生産関係・階級関係の系として捉えるのではなく、それ自体意味ある存在として考察する。サルトルの代表作は『存在と無』だが、戦後はマルクス主義に接近し、知識人の「投企」＝「参加」を重視し、ヴェトナム戦争にも積極的に発言した。

③**初期マルクス**：マルクス（及びエンゲルス）の思想は、初期の『経済学・哲学草稿』から晩年の『資本論』に至って完成されるというレーニン的な理解がロシア革命後は支配的になり、スターリンのもとで正統教義となった。スターリン批判後に、資本主義が窮乏化と恐慌のメカニズムによって法則的に自壊するかのような理解に代わって、初期の経済学未完の時期にあった労働の疎外、非人間化という原点に帰ろうとした思想潮流が生まれた。

④**吉本隆明**：詩人から評論に重点を移し、60年安保闘争にも積極的に関わった。主な著作に『文学者の戦争責任』『擬制の終焉』『共同幻想論』がある。『共同幻想論』は日本社会の共同体的性格を丸山眞男とは別に分析し、「国家の共同幻想性」論は新左翼に熱っぽく支持された。

⑤**A. トゥレーヌ**：フランスの社会学者。経済の高度成長が西欧にもたらした「脱工業化社会」、「情報社会」、「管理社会」におけるテクノクラート支配、労働の変化と知的労働者の役割を分析した。社会運動も従来の左翼政党、労働組合から、フェミニズム、エコロジスム、地方分権などを課題とした、政党及び組合から自立した「**新しい社会運動**」に変化しつつあると見た。

⑥**折原浩**：造反教官の中でも最もラディカルに発言し、行動

共闘も少なくなかった。

E　諸外国の動向

①**アメリカ公民権運動**：1950年代後半から60年代にかけて行われた黒人の地位向上、差別撤廃の運動。64年成立の公民権法によって差別撤廃は進んだが、ヴェトナム戦争の兵役における差別等の問題が残り、一部は急進化した。68年には長年の運動指導者キング牧師が暗殺された。
②**中国文化大革命**：1966年文芸作品の批判から始まり、毛沢東党主席を信奉する青少年の紅衛兵が劉少奇国家主席、鄧小平党総書記らを「資本主義の道を歩む実権派」として批判し、失脚させた大規模な運動。官僚主義批判の要素はあるものの、ソ連「修正主義」批判と一体に進められたこの運動は指導部内の権力闘争であり、10年もの間経済を停滞させ、国を混乱に陥れた。
③**フランス五月革命**：1968年5月パリの諸大学で起こったドゴール政権による大学管理体制強化に反対する運動。学生たちがカルチェ・ラタン（ラテン区＝学生街）を占拠して異議申し立てを唱えた様子は、各国の学生の決起を促した。五月革命と言われるのは、これが学生単独ではなく、労働者の強力な同情ストに支えられたからであり、ドゴール大統領退陣をもたらしたからである。
④**チェコ事件**：1968年春スターリン主義的な共産党指導部に対して起こった改革運動「**プラハの春**」は、運動が押し上げたドプチェク新指導部の意図を超えはじめた。複数政党制実現とワルシャワ条約機構脱退の要求である。これに驚いたソ連指導部は8月同条約機構軍を出動させて改革運動を押しつぶした。

F　思想

① **A. グラムシ**：ロシア革命を「資本論に反する革命」と呼び、西欧先進国での社会主義革命を構想したイタリア共産党

マル学同革マル派系、三派系（社学同、マル学同中核派、社青同解放派）に分立した。

②**ベ平連（「ベトナムに平和を！市民連合」）**：1965年ヴェトナム戦争激化と日本の加担に反対して小田実や吉川勇一らが呼びかけて結成した市民団体。社共から自立し、市民の自発性に基づく行動がモットーとされた。反戦フォーク集会など多彩な行動を繰り広げるとともに、脱走米兵の救援活動も密かに行った。

③**反戦青年委員会**：1965年ヴェトナム反戦運動の中で生まれた組織で、個人加盟の地区反戦と団体加盟の県評青年部及び傘下単産青年部からなり、社会党・総評のお墨付きを得ていた。砂川闘争、エンタープライズ佐世保入港阻止闘争、王子野戦病院闘争などに積極的に参加したが、三里塚闘争で大量の負傷者を出してから総評は手を引いた。まもなく協会派も反戦青年委員会から手を引いた。全国反戦青年委員会は68年9月に再建され、フランス五月革命に現れた労働者自主管理にも深い共感を示した。しかし、新左翼諸派が労働運動に足場を持たない自前の「地区反戦」を結成して街頭闘争に傾斜し、内ゲバを持ち込むと、機能停止に陥った（71年6月）。

④**全共闘（全学共闘会議）**：1968年日大、東大を先頭に結成された学生の全学的闘争組織。日大の場合は自治会活動が弾圧されていたので、古田会頭不正追及を闘うにはこの組織形態しかなかった。東大は、各学部自治会で代議員大会や学生大会の決議を踏んでストライキ、さらには無期限ストに突入した。ただし、その推力は闘争委員会やストライキ実行委員会といった党派活動家とノンセクト活動家の共同組織だった。東大の場合は60年安保闘争や大管法闘争の経験を持つ院生や助手の役割も大きく、山本義隆（全闘連代表）、今井澄（青医連代表）が、社青同解放派、革マル派、フロントの三大党派の均衡の上に立って、指導的役割を果たした。全国的には、自治会主流派の新左翼党派がほぼ独占的に主導する全

ブント）を結成した。その学生同盟が社会主義学生同盟だが、元は全学連の活動家組織＝反戦学生同盟だった。社共主導の60年安保闘争の中で急進的な行動により独自性を発揮したが、その後分裂し、一部は革共同に吸収され、学生運動の主導権を失った。

④**統社同**：共産党の反主流派として社会主義革命戦略と反独占構造改革路線を唱え、61年宮本主流派に排除され、その一部が翌年統一社会主義同盟を結成した。『現代の理論』誌により、知識人・学生に一定の影響力を持った。学生活動家組織が社会主義学生戦線（通称フロント）。

⑤**社青同**：社会党の青年組織＝社会主義青年同盟は当初構造改革（江田）派と社会主義協会派が強かったが、前者の退潮とともに解放派が、後者の中では親ソ連の向坂協会派が伸長した。解放派は初期マルクスを重視し、レーニン的前衛党を否定してローザ・ルクセンブルクを評価した。

⑥**赤軍派**：ブント諸派（戦旗派、叛旗派、関西ブント、マルクス・レーニン主義派＝ML派）中、関西ブントの指導者塩見孝也が1969年に結成した。世界革命のための前段階武装蜂起を唱え、パレスチナ解放戦線など世界の武装組織と連帯した（重信房子はパレスチナ現地入り）。

D　運動団体

①**全学連**（全日本学生自治会総連合）：1948年に結成され、反戦平和・学生利益擁護で大きな力を発揮したが、共産党分裂により衰退した。55年党の再統一から息を吹き返し、砂川闘争、警職法反対闘争で活発になった。しかし主流派幹部がブント・社学同に移行したため、**60年安保闘争**は、ブント率いる全学連と、なお共産党の指導下にあった全自連（全国自治会連絡会議）に分かれて闘われた。その後全学連はブント、革共同の分裂によってさらに分裂し、これに乗じて共産党・民青が勢力を伸ばし、64年に「再建」（自治会多数の獲得）を宣言した。この時点で全学連は、共産党・民青系、

派）を排除した。その後もソ連派、中国派を排除し「自主独立」を標榜した。1970年代までは順調に党勢を伸ばし、不破哲三書記局長のもと「人民的議会主義」路線を進めた。ソ連崩壊、社会主義の凋落に際してはスターリンの大国主義を批判し、社会党の衰退の一方で何とか勢力を維持してきた。
③**新左翼**：欧米では、1956年スターリン批判後に現れたマルクス主義から非マルクス主義までの広い潮流を指す。日本では60年安保闘争前後に共産党から離脱した諸党派を指すのが普通で、社会党系だが急進化した社青同解放派を含む。社会党及び共産党の「旧左翼」に対する「新左翼」である。ベ平連のような、社共の統制外にある市民の自主的な団体を含めることもある。
④**ノンセクト**：ノンポリ（非政治的な学生）ではなく、新左翼諸派のいずれにも属さない学生。ベ平連の学生も含まれるが、全共闘期に登場し、東大等いくつかの大学ではその主導権を握り、その思想と行動の急進性ゆえに「**ノンセクト・ラディカル**」と呼ばれた学生。

C　新左翼諸派

①**第4インターナショナル**：1956年のスターリン批判を受けて、翌年太田竜、黒田寛一らにより日本トロツキスト連盟が結成された。うち黒田らは離脱したが、太田らは残り、第4インター日本支部として、トロツキズムを堅持した。
②**革共同**：黒田らが結成した革命的共産主義者同盟。「反帝国主義・反スターリン主義」を掲げ、第4インターの「労働者国家」ソ連擁護を批判した。60年安保闘争後に分裂した共産同の一部を吸収したが、63年街頭・政治闘争重視の中核派と、思想闘争・組織重視の革命的マルクス主義派（黒田率いる革マル派）に分裂した（学生同盟のマルクス主義学生同盟も両派に分裂）。
③**共産同**：1958年全学連を指導していた島成郎らは、社会主義革命戦略を掲げて共産党を離脱、共産主義者同盟（通称

ターナショナルを結成して対抗したが、「歪曲された労働者国家」としてのソ連は擁護した（トロツキーは暗殺された）。
⑥**毛沢東思想**：主として延安根拠地で抗日戦争と土地改革の中で培われた農民を主体とする革命の理論。国共内戦に勝利し、中華人民共和国を建国してしばらくはソ連社会主義をモデルとする姿勢だったが、1956年スターリン批判を機に、人民公社を中心とする農業共産主義を目指すようになり、ソ連と対立するようになった。
⑦**構造改革論**：戦後西ヨーロッパ最大のトリアッティ率いるイタリア共産党は、議会多数派を獲得し、経済構造を反独占の仕組みに変えながら社会主義へ平和的に移行する革命戦略を立てた。日本では社会党江田三郎と共産党反宮本派が取り入れたが、後者は修正主義として61年宮本主流派に排除された。

B　日本の社会主義政党と新左翼

①**日本社会党**：戦前の無産政党の系譜を引いて戦後結成された社会党は、まもなく左右両派に分裂した。1955年合同して衆議院の1/3強を占め、護憲・平和の政党として自民党政権に対抗した。しかし60年安保闘争を前に右派が離脱して民主社会党を結成し、内部では江田三郎率いる構造改革派と諸左派が対立した。70年代には共産党と協力する左派（革新自治体を実現）と、公明党・民社党と組んで政権をめざす右派とが対立し、前者ではソ連型社会主義を肯定する社会主義協会（向坂派）が内部グループとして台頭した。
②**日本共産党**：戦後に合法化された共産党は、1950年にコミンフォルムの批判を受け、所感（主流）派と国際派に分裂した。以降数年間「民族解放革命」を掲げて武装闘争を行ったが、失敗した。55年に再統一され、宮本顕治が主導権を握った。日本はアメリカ帝国主義に従属しているので、「民族民主革命」が戦略的課題（社会主義革命は第二段階）とされ、社会主義革命をめざす人々（全学連指導部、構造改革

用語等の解説

A　マルクス主義と革命思想

①**左翼**：フランス革命時の議会における座席の位置に由来する。ロベスピエールのジャコバン派は、議長席に向かって左側の座席を占めたので「左翼」と呼ばれた。社会変革に急進的な立場をとる政党が「左翼」だが、時代に応じてフランスならば急進党、社会党、共産党と、占める政党は変化した。
②**マルクス主義**：マルクス、エンゲルスの思想を実現しようとする立場。1848年の『共産党宣言』に見られるように、資本主義に搾取された労働者階級が権力を掌握して、まずは社会主義を実現し、最終的には「市場も国家もない」共産主義をめざす。資本主義批判の不徹底な「空想的社会主義」も、国家の即時廃止を掲げるアナーキズム（無政府主義）にも反対する。
③**レーニン主義**：後進国ロシアの革命理論で、まずはブルジョア民主主義（市民）革命を実現し、先進ヨーロッパの革命の助けを得て社会主義へと進もうとするもの。ロシアでは1917年にソヴィエト革命が成功したが、欧州の革命は起こらず、内戦と干渉戦争に苦しんだ。プロレタリア独裁は共産党独裁と化し、国家機構は肥大化して、人権が抑圧された。
④**スターリン主義**：スターリンは自分の立場を「マルクス・レーニン主義」と呼んだので、スターリン主義はトロツキーら反対派による批判の言葉だった。「一国社会主義」＝国益優先と諸国共産党に対する統制、党内民主主義の蹂躙と反対派弾圧、工業化及び農業集団化の暴力的実現、そしてスターリン独裁といった内容である。
⑤**トロツキー主義**：スターリンを批判する共産党の左派的グループの思想だったが、スターリンが工業化及び集団化を強行すると、自分たちの主張が実現されたと考えて主流派に屈服する指導者も現れた。それを肯んじない指導者は第4イン

た行

な行

さ行

索引

＊太字は巻末「用語等の解説」で採り上げた用語等と掲載頁。
＊「A→B」は、「AはBまたはBの下位項目を参照」の意。

ちくま新書
1383

歴史《れきし》としての東大闘争《とうだいとうそう》
――ぼくたちが闘《たたか》ったわけ

二〇一九年一月一〇日　第一刷発行

著者　富田 武（とみた・たけし）
発行者　喜入冬子
発行所　株式会社 筑摩書房
東京都台東区蔵前二-五-三　郵便番号一一一-八七五五
電話番号〇三-五六八七-二六〇一（代表）
装幀者　間村俊一
印刷・製本　株式会社 精興社

ISBN978-4-480-07200-9 C0295

ちくま新書

1146 戦後入門 加藤典洋
日本はなぜ「戦後」を終わらせられないのか。その核心にある「対米従属」「ねじれ」の問題の起源を世界戦争に探り、憲法九条の平和原則の強化による打開案を示す。

1196 戦後史の決定的瞬間 ――写真家が見た激動の時代 藤原聡
時代が動く瞬間をとらえた一枚。その写真は希少な記録となり、背景を語った言葉は歴史の証言となった。日本を代表する写真家14人の131作品で振り返る戦後史。

1265 僕らの社会主義 國分功一郎 山崎亮
いま再びグランド・セオリーが必要とされているのではないか？ マルクス主義とは別の「あったかもしれない社会主義」の可能性について気鋭の論客が語り尽くす。

1245 アナキズム入門 森元斎
国家なんていらない、ひたすら自由に生きよう――プルードン、バクーニン、クロポトキン、ルクリュ、マフノの思想と活動を生き生きと、確かな知性で描き出す。

1258 現代中国入門 光田剛編
あまりにも変化が速い現代中国。その実像を政治史、文化、思想、社会、軍事等の専門家がわかりやすく解説。歴史から最新情勢までバランスよく理解できる入門書。

1331 アメリカ政治講義 西山隆行
アメリカの政治はどのように動いているのか。その力学を歴史・制度・文化など多様な背景から解説。アメリカン・デモクラシーの考え方がわかる、入門書の決定版。

935 ソ連史 松戸清裕
二〇世紀に巨大な存在感を持ったソ連。「冷戦の敗者」「全体主義国家」の印象で語られがちなこの国の内実を丁寧にたどり、歴史の中での冷静な位置づけを試みる。